青海风土概况调查集

王昱 编

青海人民出版社

图书在版编目(CIP)数据

青海风土概况调查集/王昱编. -- 西宁：青海人
民出版社，2020.10
ISBN 978-7-225-06046-0

Ⅰ.①青… Ⅱ.①王… Ⅲ.①风俗习惯史—史料—青
海 Ⅳ.①K892.444

中国版本图书馆 CIP 数据核字(2020)第 204323 号

青海风土概况调查集

王昱　编

出　版　人　樊原成
出版发行　青海人民出版社有限责任公司
　　　　　西宁市五四西路 71 号　邮政编码:810023　电话:(0971)6143426(总编室)
发行热线　(0971)6143516/6137730
网　　址　http://www.qhrmcbs.com
印　　刷　青海西宁印刷厂
经　　销　新华书店
开　　本　890mm×1240mm　1/32
印　　张　9.75
字　　数　200 千
版　　次　2021 年 6 月第 1 版　2021 年 6 月第 1 次印刷
书　　号　ISBN 978-7-225-06046-0
定　　价　42.00 元

前　言

　　《青海风土概况调查集》是一本资料专集，所收的19种资料均是20世纪20年代至30年代中所编写的有关青海各地风土概况的调查记。早在青海建省前的1925年冬至1926年，甘肃省府曾令所属各县编写风土调查录，对这次编写的调查录，本集只收有《甘肃大通县风土调查录》《湟源县风土调查录》。青海建省后的1932年，省民政厅又制订《青海省风土概况调查大纲》，行文所属各县，令各县政府按所颁发之《大纲》详细调查，编写风土概况具报（见1932年《边事月刊》第一期），包括在上报途中遗失而后又补报的《玉树县风土调查大纲》在内，这次共编成西宁、大通、互助、乐都、民和、巴燕、循化、湟源、门源、同仁、共和、贵德、玉树、都兰等14县风土调查记，已全部收入本集。

由于这些风土调查记有的散见在书刊档案资料之中，有的仅以抄本传世，因而流传极少，人们较难发现利用，如不及时搜集整理，将有散失湮没的可能。为了抢救和积累地方历史文献，使这些有用的资料免于失传并发挥作用，编者从省内外尽力搜集，将所得汇为一集。其中《巴燕县风土概况调查》与《化隆县风土概况》因体例内容大同小异，仅收初稿；又，共和县两种调查记虽同期所编，但体例内容有所不同，一并收入。另外，为便于读者研究参考起见，把稍后于诸风土调查记而内容相近的《青海省介绍》《青海概况》辑入本集，置于卷首，以对全省当时的概貌有一了解。

　　本集所收的这些风土调查记都以一定的行政区域为中心，分类记述了该地区的疆域形势、建置沿革、山川气候、名胜古迹、民族宗教、居民户口、风俗习惯、物产资源、水利交通、政治实业、文化教育以至地方人物等等，门类广泛，体例简括。取材追溯前朝，详于当代，内容较为丰富。地近则易核，时近则迹真，由于各风土调查记均由当时各县知事或县长按上级指令亲自执笔或主持编纂，多系调查采访实录，所以资料内容较为翔实，可靠程度较大。文中所载地方的自然与社会方面的许多历史资料和统计数据，多属正史和方志所不载，因而别具特点，具有多方面的史料价值。本集所载的史料和数据可为我省目前开展的编史修志;为开展对青海自然、社会、人文等方面的历史研究;为省内各级干部了解地方历史、熟悉省情、开拓青海,提供参考和依据。

需要特别指出,由于历史的局限,这些资料中不可避免地存在有体现统治者利益的观点和封建主义、大民族主义的糟粕,在记述中对劳动人民和兄弟民族时有污辱诋毁之言,对民情民俗的记载也有歪曲之处。我们在编辑时对其明显的语句作了部分删节(凡有删节处均用省略号表示),但为相对保持资料的原貌,对文中的旧观点未做彻底处理,对文中所载的各项内容也未一一核查,请读者在阅读使用时慎重鉴别抉择,取其精华,去其糟粕。

其底本的许多篇章字迹模糊,时有错讹字句,在这次刊印时已初做校勘,因无以核对,错误在所难免,有不妥之处,祈望不吝指正。

编　者

2020年9月

目　　录

青海省的史地

——青海省介绍之一

前　言

　　青海省是一个不被国人十分注意的地方。但它是西北省份之一,从开发西北、建设西北的呼声传遍了全国,并视为复兴民族的根据地以后,青海的地位无形中随着开发的声浪而日见增高了。翻开地图来看,青海西通新疆,西南接西藏,南临西康,东南通四川,东与北毗连甘肃,成就了它在西北的特殊的重要地域。尤其是新疆被苏俄的势力支配着,西藏在英帝国主义的铁蹄下践踏着,日本也正把持着华北进窥西北,这样,青海成了苏、日、英三国势力角逐的战场,乃不待言。同时,我国处在风雨飘摇、朝不保夕的今日,如何保有我最后的生命线,又是一个迫切的问题。所以对于青海内部的情况,颇值得我们的介绍。

　　不过,要先明白,青海并不和内地各省一样,有一个简单系统的军事、政治、经济、民族以及风俗等,它具有很复杂的内容,有其特殊的状态。就军事说,一部分在"回军"统治之下，一部分仍在寺院僧侣之手。就社会说，它是宗教势力与封建势力交织成的地方。就经济说，有原始民族的游牧经济和较为进步的农业经济，看不到进化的生产，虽然西宁各县也有了资本主义国家的机器商品。而民族更为复杂，西北柴达木地方，有游牧的蒙古人盘踞着；西南部金沙江上游，是游牧的藏族生息着。这两大民族所占有的地方约为全省面积五分之二，甚至三分之二。东面大通河流域、湟水流域、大夏〔夏〕河流域，以至洮河的西岸，又差不多是汉回两族的天下。因此，青海地方，在各方面表现了一种"不平凡"的姿态。同时，由于各种矛盾的发展，外力的激荡，使它本身正在危机四伏之下而残喘着。

青海通常给我们的印象是，除了视为"边远""化外"之外，也都大概想到了它的宝藏无穷，土地肥沃，等等。可是青海的民众，却不像一般人想象着那样"舒服""安乐"，他们也普遍地闹着贫穷。艰苦悲惨的命运，不留情地击在民众们的头上，使他们辗转呻吟于死亡线上。那么青海固然在表面上显示了它将来的重要性，但其内里，不能不叫人捏一把汗了。

现在仅据各方面的材料，把青海省的情况作一个简单的介绍，读者或能在关心注意之余，进而作详细的研讨，实是作者的希望。

历史上的青海

青海,古属雍州,复为"析支"地。商、周、秦属于西羌,商、周对于西羌都有打伐。秦并六国,兵不西行,羌种才得以蕃息。汉时属于先零、烧当诸羌地,汉武帝伐四夷,西逐诸羌,西羌曾联合匈奴入寇,被汉将李息、徐自按,应为徐自为击平,羌民跑到湟中,依西海盐池左右,以后时常来侵,赵充国行罢兵屯田的政策,才得稍安。充国所上的屯田策:"臣所将吏士马牛食,月用粮谷十九万九千六百三十斛,盐千六百九十三斛,茭藁二十五万二百八十六石。难久不解,徭役不息。又恐它夷卒有不虞之变,相因并起,为明主忧,诚非素定庙胜之册。且羌夷易以计破,难用兵碎也。故臣愚以为击之不便。计度临羌,东至浩门,羌夷故田及公田,民所未垦,可二千顷以上,其间邮亭多坏败者,臣……愿罢骑兵,留……步兵……万二百八十一人,……分屯要害处,冰解漕下,缮乡亭,浚沟渠,治湟陿以西道桥七十所,令可至鲜水左右,田事出,赋入二十晦。至四月草生,发郡骑及属国羌骑伉健各千,倅马什二,就草,为田者游兵,以充入金城郡,益积蓄,省大费。"可见汉用兵青海浩〔耗〕费之大,时日之多。

王莽时，置西海郡。光武初，诸羌入居塞内，金城按，今皋兰属县，都为所有。时马援为陇西太守，击破先零，奏置长史，缮城郭，起坞堠，开水田，劝耕牧。和帝时，曹凤广设屯田，列屯夹河，缮修西海郡，合三十四部，其功甚伟。

三国时，也是诸羌的地方。魏立西平郡。晋代吐谷浑强大，度陇而西，据有现在的青海全部。隋初，破吐谷浑，改西平郡为湟水县，改浇河郡为化隆县，又置西海、河源等郡。隋末，仍为吐谷浑所有。

唐初，破吐谷浑，吐谷浑渐衰。时吐蕃强大，灭吐谷浑，尽有其地。吐蕃是藏族，盛时的土地，包括今西藏、青海河湟、（四川）松潘等地方，时常与汉人交绥。高宗永隆元年，吐蕃寇河湟，被黑齿常之打败，常之广置烽戍七十多所，开屯田五千多顷，岁收五百多万石，战守有备，吐蕃不敢深入。唐代用兵青海的次数很多，未能大举平定，甚至在德宗时，与吐蕃订了个互不侵犯条约，约文略为：今蕃汉二国，所守见官封疆。洮岷之东，大唐国界；其塞之西，是为大蕃地。彼此不为杀敌，不举兵戈，不相侵谋。直到后唐时，吐蕃势衰，回鹘、党项诸羌分割其地。赵宋时，西夏代之而兴，盛时奄有青海、新疆、甘肃、宁夏一带地方，为元所灭，在青海置西宁州、乐州、贵德州和吐蕃尕〔朵〕甘思等处宣慰司。明朝中叶，蒙古部曾占据青海，明末渐衰。

清初,厄鲁特部从西北侵入青海,现在的和硕特二十
九旗,就是厄鲁特部在青海的遗裔。当蒙旗侵入时,番人老
远躲开,以黄河为该二族天然的界限。雍正年间,平定青
海,置青海办事大臣,驻节西宁。以旗制管辖蒙人,以土司
管辖番人,每年在海滨会盟一次,用以羁縻。嘉道以后,番
势较强,再渡黄河以北,蒙人步步后退,到祁连山南麓才
止。民国成立,在西宁置青海办事长官,民国四年,改设宁
海镇守使。民国十七年,明令划西宁道七县和青海全部为
青海省。

地理上的青海

(一)疆域

青海北和东界甘肃省,西界新疆省,南临西康省,东南
一部界四川,西南一部界西藏。东西相距一千三百八十公
里,南北相距五百八十公里,全省面积为七二八,二九八方
公里,居全国各省第四位。

青海虽在吾国之西北部,实居全国中心。由省内青海
湖算起,东岸经线为东经一百零一度,东距东经百三十五
度二分之黑龙江和乌苏里江之会口和西距东经七十三度
的葱岭,正好在中央部分。横断青海水面的纬线为三十七

度,北距五十四度的萨彦岭和南距二十度的海南岛,都不过十七度远。所以青海适居中国的中部。

(二)地势

青海是高原地,海位于东北,巴颜喀拉山脉斜贯中央,勒科〔斜〕尔乌兰达布逊山按,即勒谢鲁兰达布松山列于西,唐古拉山脉屏于南,岷山、西倾山列其东,祁连山脉屏于北。东部较富饶,有农田之利;西部沮洳涣散,瘴气弥漫;南部山水纵横,富鱼、盐、森林,囊谦一带,地蕴尤多。气候纯为大陆性质。其各地高度如下(单位,尺):

勒科〔斜〕尔乌兰达布逊山	二二,〇〇〇
祁连山	二〇,〇〇〇
积石山	一八,七五〇
巴颜喀拉山	一七,一八〇
唐古拉山	一五,〇〇〇
鸦砻江西岸	一一,〇〇〇
长江发源处	一四,二六〇
黄河在什则等境	一三,三〇〇
鄂陵、扎陵两湖	一二,五三〇
青海湖面	九,八〇〇
柴达木河盆地	九,二五〇
西宁	六,七五〇
湟源	八,八〇〇
玉树	一一,〇〇〇

按,平均高度约自一万尺到一万四千尺间。

(三)山脉

大山有六：

唐古拉山——为昆仑山的南支，东南支为巴沙拉通木山、当拉岭、阿克达木山等，接于横断山脉。

巴颜喀拉山——为昆仑山的中支，到娘磋族分为东北、东南二支。东北支沿黄河北岸为滂马山，至河曲为积石山；东南支沿黄河南岸向东南，为长江、黄河的分水岭。

祁连山——为昆仑山的北支，由新青界上东北迤入甘青界，蜿延〔蜒〕东北，东走入甘肃界为贺兰山脉。

积石山——大积石山起于噶达素齐老峰黄河源之北，极于黄河曲部之内而止；小积石山起于阿拉克萨尔山，沿黄河北岸东走，到小积石山，出民和境，东入甘肃永靖黄河曲部之内而止。

西倾山——起自岷山羊膊岭北麓，北走为西倾山，一支折而东，入甘肃夏河境，一支东北走，为增得勒山、连吉山，入贵德境。

南山丛岭——纵缀巴颜喀拉山和祁连山的中间，青海周围所有的峰峦都属之，高山有布哈山、黎头山、拜王图岭、甘珠尔齐山、当哈伊玛图山、他拉山等。

(四)河流

黄河——发源于噶达素齐老峰下，东流娘磋北境，纳折戈河、长云河水,潴为星宿海,千泓并涌,望若列星,由此东流,入扎陵湖,又东潴于鄂陵湖,循昆干北折,绕积石山,经同仁、贵德的界限,有多水来会,流在公洼他尔代克九族,又折而东,出民和南境,入甘肃。

长江——有三源:1.中源为正源,出于当拉岭北麓;2.北源出于巴颜喀喇得里奔山的那木齐图乌兰木伦河;3.南源出于中坝班马族东。三源合于底楚拉巴敦地方,就是通天河,折而东南流,入西康境,名金沙江。

鸦砻江——源出迭喀桑北境巴颜喀拉山南麓,经蒙古尔津、永夏、休马、竹节、歇武等族地,名叫楚玛河,东南流到喀木多出境。

澜沧江——源出唐古拉山的格尔吉匝噶那山,名格尔吉河,东南流为杂初河,到觉拉寺,折而东南流,入囊谦族地,到乌当先寸地方,入西康境,和鄂穆楚河会为澜沧江。

柴达木河——发源于布青山西北麓扎逊池,西流经班禅游牧地,西北流,有乌拉斯河、白河等注入,折而西北流,乌兰乌苏河、布隆吉尔河从东北汇入,流潴于扎布逊地,长一千多里。

索克河——为怒江的上源,有二源:一为萨温河;一为古乂河,二源既会,东北流,沙宅河从北流入,折而南,流入西康境,名卫楚河。

布哈河——源出布哈的英额池,东流注入青海,为入海第一大水,支流有哈拉西纳河、沙尔池水、包罗河、郡子河等。

大通河——古称浩门水,源出祁连山的集鲁肯山南,经八宝、俄博境,东南流经永安境,过青石崖、黑石头等地,又经(门)源东流,大沙河、克图河、桃里化河等由北来注入,从此水势浩大,折东流入甘界,经西大通、窑街,又折入青海的享堂,和湟水会合,到新城注入黄河。

湟水——有二源:南源名南河;西源名昆都仑河,两水会于湟源城外,水势才盛,折而东流,出西石峡,过阊门峡,到西宁境,名西宁河,东流到乐都境,名碾伯河,又名洛都水,经老鸦峡,合上下川水,出民和县境,会大通河,到甘肃永登县的小紫口,入黄河。

(五)湖泊

青海——位全省东北境,距西宁约二百六十里,海拔九,八五〇尺,为我国第一大咸水湖。古时海面极广,现在东西径二百里,南北一百三十里,周围约六百六十里,面积约二万七千二百方里,深度平均约在百尺。海里有二岛,一叫海星〔心〕山,就是唐时的龙驹岛,长约四里,广约三里,高数百尺;稍西叫海心西山,上有僧寺。

星宿海——在扎陵湖的西面,有泉百余泓,成为潦水,沮洳汪洋,方一百七八十里,灿若列星,番名大敦淖尔,就是星宿的意思。

扎陵湖——也称扎陵海,周围约三百多里,东西长而南北狭,拔海(海拔的旧称——编者注)一三,三四〇尺,黄河从西北〔南〕流入,又从东南流出,系淡水湖。

鄂陵湖——在扎陵湖东南五十多里,也称鄂陵海,和扎陵湖大小相似,黄河经湖水的东北流出,湖水清,也系淡水湖。

达布逊湖——就是达木逊淖尔,在全省的西北境,周围百余里,产盐,系咸水湖。

其他像英额池、沙尔池、察卡池、色尔哈池、哈什池、敖罗布池、阿云尕马湖、哈拉湖、伊哈湖、乌尔丁湖、阿拉克池、新盐池、更尔海、大连海、尕海、博尔湖、察汉泊、巴哈泊等,星罗棋布,不胜枚举。

(六)沙漠

以柴达木平原为最多,其大戈壁在柴达木北部,面积有四万四千方里。沙质很细,漠中空气干燥,南面没有大山屏蔽,所以大风起时,尘沙障天;天气晴时,早晚结为漠市。中多咸海,像青海、柴达木河和黄河附地,都有沙漠,占地很广。

(七)地质

大部分为古生代层变质和花岗岩所成,覆以火山岩,分布极广。北部祁连山一带,构造复杂,火成岩和结晶岩都有,大通一带,有沥青质泥灰岩。南部以古生代层为最显著,山脉为片麻岩、云母岩所组成,山峰则由花岗岩而成。东部和东南部山麓一带,土很肥沃,农牧都宜,沿河的地,大部是冲积层。

(八)气候

完全为大陆气候,寒多暑少,变化很烈,冬夏且多大风,夏季风力尤猛,六月多雨雹,平均雨量很少。西宁附近,黄河上流和海东一带,雨量较多,气候较为和暖,最冷时达零下二十摄氏度;最热时不及八十华氏度。柴达木一带,夏季气候干燥,日中炎热如炙,且多雹,或有黑霜,七月即雪,冰期很长。玉树一带,得从滇康到入南海的水气,夏季降雨稍多。

作者　王克明

青海省的建置、民族、人口、民政

——青海省介绍之二

建　置

青海在前道区时代，原有西宁、乐都按，为碾伯县易名、大通、湟源、化隆按，为巴燕县易名、贵德、循化七县和都兰、玉树两理事。后又划分乐都县以东老鸦峡外二十一堡为民和县，西宁县东北沙塘川一带为互助县，大通县以北的北大通一带为门源县，西宁、湟源以南的郭密、恰卜恰一带为共和县，循化县西南的隆务寺、保安堡一带为同仁县，并将玉树、都兰正式改为二县。于是，青海省辖十四县、蒙古二十九旗、玉树二十五族、环海八族和果洛五族。(民国)二十二年十一月，增设囊谦县，二十四年增设同德县，并拟增设四县。

兹将各县概况略述如下：

(一)西宁——清雍正三年设县。自分设三县后，面积减去三分之一，东西约百十里，南北约二百九十里。户口，汉民多于回民,共约二万五千八百七十二户,十六万三千五百余人。

(二)乐都——晋为乐都郡,雍正三年置碾伯县,民国十八年仍改乐都。东西百三十里,南北一百里。全县汉民四万九千余人,藏民九千五百多人,土民六千多人,回民一千多人,共计六万六千四百多人。

(三)大通——清乾隆二十六年设县。民国十八年,将北大通一带划归门源,南北约百二十里,东西九十里。境内汉民约三万八千多人,回民约二万三千多人,土民约五千人,藏民不过四千。

(四)湟源——清设丹噶尔厅同知,民(国)元(年)改县。民国十八年将恰卜恰等处划归共和县,面积约四千三百余方里。汉民四千零五十九户,回民三百十七户,蒙、藏户口不详。

(五)贵德——元设贵德州,民(国)二(年)改县。东西六百二十里,南北约一百九十里。汉、回、藏民共约四万二千多人。汉民约十之二,藏民十之五。

(六)化隆——清时巴燕戎格厅,民(国)二(年)改为巴戎县,二十〈六〉年改为化隆县。东西约三百十里,南北约九十里。境内汉民一千零八十户,回民约二千一百户,藏民一千三百六十四户,撒拉回约百三十户。

（七）循化——清设县，民(国)十六(年)将南区的拉卜楞黑错等地,设立夏河县。十八年又将西区保安、隆务等地,划设同仁县。南北约四十里,东西约二百里。全县汉、回、藏各民共五千七百七十七户。

（八）共和——民国十八年七月设县,县治设曲沟。东西约三百十里,南北约百二十里。各民族杂居,异常复杂。全县共四千二百七十多户,内汉民仅有二百九十家。

（九）同仁——原为循化县的一部,民(国)十八年八月设县,县治设隆务寺。东西约三百六十里,南北约四百二十里。居民共四千多户,一万四千多人。内汉、回不过二百五十户。

（十）互助——原为西宁县东北的一部,民(国)十九年八月设县,以旧威远堡为县治。东西八十六里有奇,南北七十里有奇。境内汉民约六千多户,土民一千多户,藏民二三百户,回民约二百户。

（十一）民和——原为乐都县的一部。民(国)十九年四月,将乐都峡外二十一堡和李土司所属地,划分成立民和县,以峡中芦草沟为界,县治设古鄯驿。南北一百三十多里,东西约一百十里。境内回民最多,藏民最少,共计各族约万户,男女四万多人。

（十二）门源——为新设县,县治设北大通。南北约七十里,东西四百多里。全县汉、回、藏民共二千余户,约九千多人。

（十三）都兰——民（国）十九年改县，县治设在都兰寺。东西千余里，南北二千余里，大于内地一省。境内蒙民最多，计一万二千多户；藏民次之，约八千户；汉、回不过寥寥数人而已。

（十四）玉树——民国十八年改为县，县治设在结古。东西约八百多里，南北约千余里。境内全为藏族，共约九千四百多户。

按，户口数字，都根据民（国）二十年青海民政厅调查，囊谦、同德不详。

民　族

青海民族，有汉、蒙、回、藏四族，分布的地带如下：

族别	分布地带
汉族	大部在西宁
回族	原七县和新设各县，汉、回二族多杂居
蒙(古)族	青海沿边，西到塔里木，北到祁连山，东到岷山北都是
藏族	喀喇乌苏河和通天河一带

清代平定青海，是以旗制来羁縻蒙（古）族；以土司、千百户羁縻藏族。今青海成立行省，而蒙、藏旗族的组织如故。兹将蒙古五部二十九旗及牧地列表如下：

1. 和硕特部

旗名	户数	所辖牧地
前首旗	三千户	贵德县黄河南
前左翼首旗	六百户	大通县默勒
南左翼中旗	二千户	黄河南
南左翼后旗	二百户	湟源县属胡丹度
南左翼末旗	一千户	同上
南右翼中旗	二千户	贵德县黄河南
南右翼后旗	二百户	青海北岸
南右翼末旗	——	乌兰淖尔
西前旗	五百户	察汗淖尔
西后旗	六百户	柴达木尔力代
西左翼后旗	五百户	柴达木毛此湖
西右翼前旗	五百户	大通县属永安
西右翼中旗	一千五百户	台其乃尔
西右翼后旗	五百户	柴达木巴隆
北前旗	五百户	布哈河
北左翼旗	三千户	柴达木塞石塘
北左翼末旗	二百户	盐池
北右翼旗	五百户	湟源藏扎寺
北右翼末旗	一千户	库尔鲁克
东左旗	二百户	盐池西

2. 绰罗斯部

南右翼头旗	二千户	共和县
北中旗	一千户	水峡

3. 土尔扈特部

南前旗	一千户	黄河南
南中旗	五百户	石礼格尔达
南后旗	五百户	永安
西旗	五百户	托里和

4. 辉特部

南旗	二千户	湟源恰卜恰

5. 喀尔喀部

南右翼旗	三百户	大通永安

6. 独立旗

察汗诺们汗旗	四千户	黄河南

按，此表之户数出入较大。

蒙古族占据青海，本是明末清初的事。据《一统志》载，明正德时，蒙古亦不喇等逐番族，据青海。嘉靖时，俺答及其子宾兔〔丙兔〕，从孙切尽台吉、火落赤等，同据青海。万历中时寇边，然势渐衰，当时名为海寇。清初，顾实汗入青海，分为左右二翼。年羹尧平罗卜藏丹津后，分为额鲁特五部二十九旗。旗有扎萨克，其王公爵位，一切都和内外蒙古一样。

青海藏民，普通称作番民。清初，曾并于额鲁特蒙古，两族斗争，报复不已。从罗卜藏丹津之乱平了以后，划分蒙番牧地，藏族的势力日见强盛，果洛族尤强。道光时，编其户口，选派头目，河南八族，一时稍安。咸丰时，将河南八族约万人,移在青海一带驻牧,日见进化;果洛族也居河北;玉树二十五族和郭密族则居河南。兹把玉树环海八族族名、户数和牧地表述如下:

玉树二十五族:

族名	户数	牧地
玉树将塞族	五七〇	通天河南岸、科遣云、牙云一带
玉树总举族	四七	通天河北岸、岗吾惹曲河一带
玉树戎獏族	五二〇	通天河两岸、色勿曲河一带
玉树鸦拉族	三五〇	通天河南岸、木云滩、曲麻赖云
囊谦族	二四九〇	离曲河与鄂穆曲河之间
扎武族	八〇〇	通天河南岸
拉达族	二六〇	通天河南岸、巴通一带
普庆族	六〇六	通天河南岸
拉休族	八八〇	子楚河南北岸
迭达族	三五〇	跨通天河
固察族	一二〇	固察河一带
称多族	一七〇	称多河一带
安冲族	三五〇	义曲河一带
苏尔莽族	五五〇	子楚河下流
苏鲁克族	三二	桑木曲河一带
藏古尔津族	一五〇	楚玛河上流
永夏族	一五〇	楚玛河北岸
竹节族	一五五	楚玛河南岸竹节寺
格吉麦马族	七〇〇	杂曲河上隆毛拉山之北
格吉班马族	二五〇	群科扎启喜洼山南瓦尔拉山之北

续表：

族名	户数	牧地
格吉得马族	二五〇	杂楚河上流
中坝麦马族	三五〇	即此先博山之北
中坝班马族	一七〇	互里拉山之南
中坝得马族	二六〇	当沙贾北土之山
娘磋族	一五〇	巴颜喀喇山南

以上各族，囊谦族最大，有千户一员；囊谦、拉休两族最富，土地肥沃，耕牧咸宜；苏鲁克族最小，仅三十二户；藏古尔津、娘磋两族较苦。总计二十五族，共一万零六百八十户，人口约十万。

环海八族在青海周围，把族名、户数和牧地列表如下按，其中有一族不详：

族名	户数	牧地
刚察族	二〇〇〇	海北伊克乌兰河上源
都秀族	九〇〇	海南窝约一带
公洼塔尔代族	一〇〇〇	郭密之北
汪什代克族	二〇〇〇	海西北岸沙尔池和布喀河流域
阿曲呼族	三〇〇〇	海南大河坝一带
热安族	六〇〇	海西
阿里克族	三〇〇〇	海北弥勒河沿岸一带

果洛族分布在拉加寺以西、黄河源积石山一带，性很强悍。驻在黄河南岸昆干地方，辖有五大族二十四小族。五

大族的名称是:1.阿郡日模族,2.阿郡工模族,3.娃西色多族,4.康尔翰族,5.康色尔族。

另有郭密一族,在黄河北岸,分上下郭密,约四千户。

藏民杂居在各县的也很多,名目繁多,不及备载。至于土司所辖的土民,相传为吐谷浑的后裔,近多与汉人同化。

在青海民族中,有一族不过二十万人,但很占重要地位的,便是回族,以循化、化隆、同仁、西宁、大通等县为最多,几占全县人口之半,可分为汉回、撒拉回和驼毛达子三种。汉回的言文衣饰,多与汉人同,当为回人之汉化者。多业商,少务农,有团结力,勇敢善斗。撒拉回是中亚撒马尔罕突厥的后裔,在元明时代,移到黄河上流循化东南一带。性强悍,但勤于农耕,通汉语的很少。住在循化县属的街子工地方,称为八工;化隆县属水地川一带,又有外五工,多操藏语。驼毛达子也信奉回教,但装饰、语言多同蒙、藏。

人　口

青海的人口。从没有详细的调查。民国二十年,青海民政厅令各县调查户口。统计所得,西宁、大通、乐都、互助、民和、湟源、共和、贵德、循化、化隆、门源等十一县共为五十五万五千四百多人,其中共和、门源二县所有帐房户口尚未列入。同仁、玉树、都兰三县的户口,因为没有方法调查,全付阙如。若以上数,加上蒙古十三万六千余人,藏民二十五万二千多人,共计八十四万五千多人(总计误,按以上数据,当为九十四万三千多人——编者注)。玉树为省南大族,人口当不少于二十万,所以青海人口,当在一百万以上。兹将民国二十年青海民政厅所调查的十一县户口及九县的人口密度列表如下:

县别	面积约数（方里）	户数	人口	以十方里计密度
西宁	九,二〇〇	二五,八七二	一六三,五九九	一七八
大通	三,八五〇	一二,七五六	九七,〇〇八	二〇五
乐都	一,三〇〇	九,六八九	六六,四一八	五一一
民和	一,一四二	一〇,三九三	五二,五四五	四六一
互助		一三,九五七	九四,八〇一	
湟源	四,三〇〇	四,三七六	二三,七一五	五五
贵德	一一七,八〇〇	四,五一〇	一七,六二一	一
化隆	二八,〇〇〇	四,五四八	一七,八四七	六
循化	一三,一九〇	五,七七七	二四,八三四	一九
门源		一,八一六	一〇,九六六	
共和	三七,二〇〇	一,〇二五	四,一一〇	十
都兰	——	——	——	——
同仁	——	——	——	——
玉树	——	——	——	——
合计		九四,七一九	五五五,四六四	

(此表数据有误差,可参阅本书《青海概况》——编者注)

民　政

(一)公安

青海在未设省以前,西宁和所属七县,各设警察所,官警风纪极不整齐,仅有警察之名,没有维持治安之实。改省以后,青海民政厅先将西宁警察所改为省会公安局,并将所属各县一律改为公安局,以后陆续所设各县,也都仿照县政组织,各设公安分局或分驻所。官警数额多未照各级公安局组织条例的规定。计全省不过有警士六百人,警官一百二十左右而已。兹据青海民政厅所列全省各级公安局官厅人数表抄录如下:

局别	警官	警士
省会公安局	六七	二三六
乐都县公安局	七	三〇
湟源县公安局	五	二八
大通县公安局	七	三〇
贵德县公安局	四	三〇
循化县公安局	三	三〇
化隆县公安局	七	二九
西宁县公安局	一一	一一
门源县公安局	三	二二
共和县公安局	四	三〇

续表：

局别	警官	警士
民和县公安局	八	四五
都兰县公安局	——	——
互助县公安局	五	三〇
同仁县公安局	——	——
玉树县公安局	一	
合　计	一二一	五四〇

(民国)十九年十一月，开办警官、区长训练所，学员额数四十六名，于二十年四月卒业，当以巡官、警察、教练等职，分发各局服务。

(二)自治

青海从民国十八年民政厅成立后，就筹设自治人员训练班，为期三月，毕业五十多人，分发各县，协办自治工作，划分自治区域。民(国)十九年，又按照新法实施。除都兰、玉树、同仁三县县治区划未规定外，其余各县划为四十七自治区。其数目的分配，计西宁五区、乐都三区、共和五区、门源四区、民和四区、互助四区、循化五区、化隆三区、贵德四区、湟源四区、大通六区。

(三)救济事业

青海社会救济事业很少。在西宁关帝庙内，有中山医

23

院一所,(民国)十九年经委会派人设立青海卫生办事处。

其次为仓储,可资调查者如下:

社仓	积谷(或存银)单位:石
西宁社仓	一,一五〇,〇〇〇
西宁丰泰仓	一,六〇〇,〇〇〇
西宁丰黎仓	四五八,七〇〇
西宁义仓	一六二,一八八
湟源义仓	三,五二三,八二五
大通义仓	一,七二三,三〇〇
大通丰黎仓	七一四,三六〇
贵德社仓	一四七,六七〇
循化社仓	五〇〇,〇〇〇
门源社仓	二九二,七八〇
民和裕民社仓	二七〇,〇〇〇
互助丰裕社仓	三〇〇,〇〇〇
乐都社仓	一,三〇〇,〇〇〇
共和社仓	一八,〇〇〇
共和社仓	存洋五〇〇元
都兰社仓	存洋一,五〇〇元
化隆社仓	存洋一,〇〇〇元
同仁社仓	存洋一,〇〇〇元

作者 王克明

青海省的政治组织、政治机构、财政、教育

——青海省介绍之三

政治组织和政治机构

青海省的政治组织，是依照民国十七年中央公布的新六省组织法组织的。省治设在西宁。省政府下面设有民政、财政、建设、教育四厅。县政府之下，也有财政、教育、建设、公安等局。惟蒙藏二族，虽受省政府统辖，但其政治仍然未脱离王公制度。蒙藏人民泥于旧习，知有王公，不知有政府，政府的势力究不能深入。在过去，汉人以部旗管蒙（古）族，以土司管藏族，成效很著。直到于今，蒙藏民族的最高政治长官，依然是王公，其次是千百户，千百户之下有头目等，阶级极严。王公为世袭制，四季受平民的供奉。土司的权力也极大，土民畏之如虎，视为唯一长官，其对汉人或其他民族的政令，都漠然视之。

据大公报记者长江先生实际考查的结果，对于青海政治机构，并不抱乐观。现在摘录几段如下：

"青海设省的时候，就没有研究十分清楚，把西宁道七县之地加上些大而无当的蒙藏游牧之区，就勉强算作一省。这省的财政是否能支持省府？民族与人口的情形是否可以推行省治？都没有相当的把握。只把省的形式立了起来，则省政之必然脱轨，恐为自然的结果了。

"青海内部包括了非常重要的问题，我们不想解决的办法，只是设了一个'省'。这和新疆设省一样，没有把新疆问题丝毫解决。所以我们不能把青海作'省'来研究。明白了这一个基本意义，我们才可以了解为什么青海省政府组织中的财政没有人负责，职员们欠薪至一年左右，借炭、借面来维持生活，而在私人势力中做事的人，则大半面团团做当家翁。

"我们简括研究的结果，觉青海政治、军事、财政多脱了正轨。本来是公民的活动，转为私的经营。一切对人对事的经营，都根据这个私经营来出发，在私集团的观点上，来训练军队，来发展经济，来教育青年。这个办法，将走上非常危险的道路。

"'兵者凶器也'，没有一种政治作为指标，只是扩张整理军队，组织全省的民团，这是很可怕的。

"第二，'与民争利，而不与民分利'之财政政策，诚然是暂时的解决了私集团自身的困难。但是社会经济在本已萧条的情况下，又遇到这样巨大的政治独占贸易、统治消费与无代价的征发。……民生日困，社会日艰，则崩溃之危机愈近，一切活动，将皆属徒然。

"第三，能指挥青海蒙藏民族者，在军事、政治方面，恐怕只有马步芳。不过，从人口上看，蒙藏人民，今皆已大大减少。这是一方面负担不起草头税，逃向西康和内蒙，一方面是因贫困而死亡率增大。这些事实告诉我们，青海目前的安定，只是马步芳武力统治的结果，并不是把问题已经解决。……

"为青海本身计，目前似乎有两种工作，可以努力。第一，努力使青海的一切与全国的各方面发生关联，努力使之成为中国密切之一片。第二，我们把各民族的青年集合训练，以民族平等的思想指导他们，使他们将来负担领导各民族解放的责任。"

以上面各段考察记录来看，则青海的政治组织与政治机构，是否健全，可以明白大半了。

财　　政

讲到青海的财政，因为富源未开，出入没有正确的统计。以前值兵燹时期，增徭重役，任意搜括，民间极感痛苦。凡百建设，都无从做起。并且灾害频仍，牲疫大作，因而元气大伤，一时不易恢复。地方财政的困难，也就可想而知了。其次，在边区各县以及没有设县的地方，无法征收粮赋，仅能取一些产销税而已。据三年前调查，省库收入，以田赋为大宗，全年收粮约四万多石，银约三万多元；次为产销税约五十四万元，但现为中央法令所不许；其他杂款收入，约二十四万元。合计约粮四万多石，银八十多万元。其支出：行政司法等费约四十多万元，教育费约十万元，建设费约十万元，军费在外。

我们知道，青海的部队是相当强大的。在民团名义之下，有地方武力的干部训练，所以军费的开支也不在少数。现在青海军费，除了青海省府每年担任七十万而外，甘肃省府还担任一些。上面所述的收入，当然不够，因此不能不另找财政的来源，其办法：第一，自营商业政策；第二，租税政策；第三，军粮征发政策。以上三策，都是用军事力量去推进的，所以青海的财政，并没有一定的制度和固定的办法。

教　育

青海交通不便，文化落后，教育极不发达，试看长江先生记门源县教育界的怪现象：

"最可怪的是记者在县府中所见的逮捕学生的纸条，

那条子是一个学校当局送给县府的。上面说,学生某某等不守校规,'殴打同学'和'当众跳舞唱歌',请予派警拘捕,以维风纪。县府在那纸条上批了一个'照办'。这不能不说是奇闻。我们要知道,这个县只有小学一所,对小学生这种办法,总算是教育法上新的贡献。"

门源虽不止有小学一所,但这种教育现象,不能不说是奇闻了。

据马鹤天先生最近调查的青海省教育概况,分录如下:

(一)小学教育

分初小、高小两种,各列表如次:

青海初小教育概况表

县别	校数	学生数	全年经费(元)	备考
西宁	一五〇	五,六九一	二一,三八〇	
湟源	四六	一,八四八	五,一三〇	
大通	六四	三,四五〇	五,九七四	
贵德	一七	五七八	六,〇六〇	
乐都	九〇	一,七二五	一〇,六三六	
循化	十二	三八六	一,二七〇	
化隆	一〇	三二一	未详	
互助	九〇	三,〇七七	八,四一一	
门源	二〇	六四九	一,五六〇	
民和	九一	二,〇三三	六,一一〇	
共和	一	二五	一五〇	
同仁	二	九〇	未详	
合计	五六三	一九,八七三	六六,六八一	

青海高小教育概况表

县别	校数	学生数	全年经费(元)	备考
西宁	一〇	一,三四三	一三,〇〇〇	
湟源	二	三五八	二二七	
大通	二	二五五	一,五八四	
贵德	一	四八	六五〇	
乐都	七	七三六	一〇,六七七	
循化	三	三〇六	一,九七八	
化隆	六	七五二	二,六八八	
互助	七	五九七	三,一二〇	
门源	二	九五	八九四	
民和	三	三八九	一,七七〇	
共和	二	一三五	八二〇	
合计	四五	四,九五四	二一九,四五一	

(二)中学教育

除乐都有一中学外,其余都在西宁,兹将其概况列表如下:

校名	校址	学生数	经费(元)	备考
第一中学	西宁	二〇八	一一,一二九	省立,为前筹边学校改组
第一师范	西宁	二二〇	二三,五二九	省立,为前第四师范学校改组
第一女子师范	西宁	二五	一三,七〇〇	省立,为前西宁女子小学改组

续表：

校名	校址	学生数	经费(元)	备考
第一职业学校	西宁	三〇	一三,二	省立,为前筹边学校职业科改组
第二职业学校	西宁	四〇	九,八四三	省立,原为省立第一师范两级小学,(民国)二十一年,改为农业学校,二十二年六月,改今名
乐都中学	乐都	七九	六,八〇〇	县立
回民中学	西宁	七〇	一五,三三	青海回教促进会所设
蒙藏学校	西宁	三八	四,八〇〇	(民国)二十二年成立
合计		六八三	九八,三四	

(三)回民教育

回教促进会所办的回民教育,极有生气,因军政的特殊势力,极易推进。计初小数占全省校数四分之一,高小六分之一,学生数五分之一,而经费则当全省教育经费十分之九。其概况如下表：

县别	校数		学生数	经费(元)	备考
	高小	初小			
西宁	一	二三	一,九七	三四,〇〇〇	
大通		一四	六三一	一一,二〇〇	
门源	一	九	四八二	八,四〇〇	
化隆	四	六	七七二	一〇,四〇〇	
民和	一	六	三五三	五,二〇〇	
循化	二	九	七二五	一〇,六五〇	

续表：

县别	校数		学生数	经费(元)	备考
	高小	初小			
互助		六	一四六	二,四〇〇	
贵德	一	二	二四	四,三〇〇	
湟源		一	五二	一,七〇〇	
乐都		一	六〇	一,八〇〇	
同仁		一	六〇	六〇〇	
共和		一	五〇	六〇〇	
合计	十二	七九	五,三三一	九一,二五〇	

(四)蒙藏教育

除省立蒙藏学校外,大通、乐都、共和都设有两级小学一处,初小全省已有二十校。

(五)社会教育

西宁有省立青海图书馆一所、省立民众书报社五处、讲演所二处、体育场一处、游艺所二处。其他各县,也多有设图书馆或民众书报处的。民众学校,西宁有十三所,学生四百四十人;大通三所,学生一百二十人;乐都十一所,学生三百二十人;互助二所,学生四十五人;贵德一所,学生二十五人。

至于蒙藏游牧区域,无所谓国民教育,惟宗教教育足以代之。他们的文化和思想,完全建筑在喇嘛之上,只要看境内喇嘛和寺院之多,就可知他们是怎样被宗教所支配了。

作者　王克明

青海概况

青海自治概况

青海各县划分自治区,推行地方自治,乃自(民国)十八年始,至十九年始划分完竣,此仅指东部各县而言。唯各县推行自治以来,仅设置机关,多人事选举,地方事业未曾推行,于是徒费经费、精神,对于人民毫无补益。而且办自治人才缺乏,所选乡长,多为以前地方之绅董,结果人民反被欺压,故地方自治之利难见。近闻省民政厅拟将区公所等组织废除,不久或有变更。兹将各县之自治概况列表如下。

自治概况表 按,各县区公所已于二十四年度取消

县别	登记公民	区	镇	乡	闾	邻	备注
乐都	486	3	5	61	383	1,915	各区有区长一人,助理员若干人,均支薪;各乡镇有正副乡、镇长一,监察委员若干人,均系义务职
民和	561	4	5	75	297	1,485	
互助	3,140	4	1	73			
大通	6,776	4	4	20	94	264	
湟源	647	3	1	22	70	846	
共和	13,082	6	2	39	202	1,012	
贵德	1,056	3	3	28	128	676	
循化	785	3	2	18			
化隆	18,847	3	3	29	157	812	

青海救济事业概况

青海省救济院,职员共计十(九)人,院长一人,主任三人,医师一人,其他职员四人,其内部组织如下:

(甲)养老所:经费二六〇元,收容人数现有三十一人,最多时曾达四十二人,最少二十八人。

(乙)孤儿院:经费三二〇元,收容人数现有五十五人,最多时曾达七八十人,最少三十五人。

(丙)残废所:经费二五〇元,收容人数现有三十五人,最多时为三十五人,最少时二十一人。

(丁)育婴所:经费八〇元,收容人数现有八人,最多时为八人,最少时为五人。

(戊)施医所:经费二〇五元,施诊人数按,缺。

(己)贷款所:基金二〇〇〇元,贷出款数一三一六元二十三年六月至十二月,收回款数四一五元二十三年六月至十二月。

(庚)施材掩埋所:施材七十二付二十三年六月至十二月。

青海各县外侨之调查

外侨进入青海境内,始于清末,久居西宁者最多,英法两国尤众。在民国十五年以前,势力最甚,教徒日增,潜入乡村,不但无恶不做〔作〕,抑且干涉行政司法,后经西宁行政长官之压抑,其势渐衰,现虽设有教堂、学校,然其势已非昔比,信教之徒,亦少仅有。兹列所调查各县之外侨人口如下:

各县外侨调查表

侨居人口／县别＼国别	美		德		比利时		荷兰		备考
	男	女	男	女	男	女	男	女	
民和	2	2							在古鄯镇有福音堂一所
乐都	3	2	2						在城内有教堂三处,余会小学一处,学生三十名
互助					1				有小学一所,教堂五处,医院一所,由其信徒主办
循化	1								
湟源	2	1					1	1	有教堂二处
其他									其它各县时有由西宁派去之传教牧师,惟无固定之处所

青海人口密度比较

全省面积据调查有二百零一万余方里,人口仅一百四十余万按,据民厅报告,故平均每方里不及一人。惟东部为农业区,人口多集中该部,如西宁、互助、乐都等县,每方里可有七八人之多;至于西部,十余方里尚不及一人。兹举政校调查团调查各县人口密度如下:

各县人口密度表

县别	面积(方里)	人口数	每十方里人数	备注
乐都	13,500	68,495	50.7	
民和	12,000	52,005	44	
互助	13,000	94,601	73	
大通	23,200	79,008	34	
湟源	11,000	23,700	22	
共和	24,000	20,240	8.4	
贵德	37,800	18,042	4.8	
循化	16,800	25,635	16	
化隆	12,600	23,485	18	

青海各县人口变动之比较及死亡原因

百分比　县别　＼　项目别	生产	死亡	死亡之原因	流行病症
乐都	2.3%	19.4%	①不讲卫生、易于致病；②缺少医药、设备，时有束手待毙之状；③迷信太深，不信医治；④传染病多，不知预防和隔离。	成年人多花柳、伤寒、霍乱、痢疾、白喉、杂疮、胃病，肺病亦不少，小儿天花、白喉、痢疾为最多
民和	3%	20%		
大通	5%	4.5%		
湟源	15%	12%		
循化	6%	2.3%		
化隆	6.3%	0.51%		
互助				
贵德				
共和				

青海自卫力量

县名	员警数	警区	警察实力			每月经费	经费之来源	备注
			枪	子弹	刀			
乐都	48	3	10	不详	41	480	大都由县府按差抽拨，不够者由局直抽，如店捐、驼捐、卫生捐是	高庙镇有直辖分驻所
民和	34	5	13	39	33	249	同上	有直辖分驻所一
互助	41	4	11	不详	/	437.5	除县府按差征发外,抽收卫生铺捐等	

续表：

县名	员警数	警区	警察实力			每月经费	经费之来源	备注
			枪	子弹	刀			
大通	38	6	24	250	/	339	由县府按差征收，每月拨发	于新城及衙门庄各设分所
湟源	38	3	18	不详	30	322	每月由商会筹发	
贵德	34	4	无	无	20	224	由县府拨发	
循化	24	5	34	130	4	192.6	同上	于八工、六沟设分所
共和	15	5	12	250	/	210	同上	
化隆	38	3	24	280	16	333	除县府月拨上数外，地方供食粮二	冰巴镇设分所一处

附注：

一、各县有驻军，故警察无枪械，只有警棍，亦可维持治安。

二、巡官、督察、警长多为省警官训练所毕业，警士亦有一部。

三、警士训练分学科与术科，学科讲授警察须知、警察问答、步兵操典、违警刑罚等，术科除各种基本动作外，注重国术及器械操。

青海各县人民职业百分比

青海居民除蒙藏族多业畜牧以求生活外,大部人民均赖农田度生,全省农民在百分之八十以上,工商业因交通不便及社会供求之简单,经营者甚少。而农民之中尤多为自耕农,雇农、佃农绝少仅有。兹将数县人民职业百分比表列于后。

百分比 类别 ＼ 县别	乐都	民和	互助	大通	湟源	循化
政	0.3%	0.3%	0.03%	0.4%	0.17%	0.4%
军	1.7%	2.8%	0.33%	2.2%	0.17%	1.0%
学	3.7%	0.61%	6.5%	6.0%	10.4%	3.3%
农	87.5%	93.0%	68.5%	85.0%	61.0%	79.0%
工	1.2%	1.2%	11.5%	4.2%	7.5%	0.4%
商	2.3%	1.8%	2.5%	1.0%	1.1%	3.5%
牧	/	/	10.2%	0.14%	3.7%	1.7%
医	/	/	0.15%	0.06%	0.03%	/
僧	1.0%	/	0.15%	1.0%	1.72%	7.0%
游	0.3%	0.3%	0.32%	/	0.21%	1.6%
其他	2.0%	/	0.02%	/	14.0%	2.1%

青海现时行政区域及面积表

行政区域	自治区数	辖境纵长（里）	辖境横长(里)	辖境面积（方里）	县治所在	备考
西宁县	5	110	290	16,000	西宁	
互助县	4	70	86	13,000	威远堡	
乐都县	3	100	130	13,500	乐都	
民和县	4	150	100	12,000	川口镇	
大通县	4	120	90	23,200	毛伯胜	
门源县	4	30	380	24,750	北大通	
湟源县	3	95	90	11,000	湟源	
共和县	6	120	310	24,000	曲沟	
贵德县	3	190	620	37,800	贵德	
循化县	3	100	280	16,800	循化	
化隆县	3	90	310	12,600	巴燕戎	
同仁县	／	430	170	71,400	隆务寺	
玉树县	／	未详	未详	1,060,000	结古	
都兰县	／	未详	未详	675,000	香达	
襄谦县						
同德县					拉加寺	
河源设治局						
江源设治局						
柴达木设治局						
合计				2,011,050		

附注：

(一)纵横辖境长宽里数系以各该县最长宽处计算,非无凹凸也;

(二)新设县或设治局辖境尚无调查。

青海各县四季温度(华氏)比较表(平均数)

均温季别＼县别	乐都	民和	互助	大通	湟源	循化	贵德	化隆	共和	备考
春	20°	45°	40°	28°	45°	40°	37°	30°	45°	
夏	70°	68°	70°	60°	70°	68°	63°	50°	70°	
秋	48°	51°	44°	46°	50°	45°	48°	40°	60°	
冬	30°	33°	30°	26°	20°	20°	22°	10°	20°	

青海全省户口调查

(甲)青海各县户口调查表

县别	户数	人数	男性	女性
西宁	23,872	163,599	91,154	72,445
互助	13,975	94,701	51,197	43,504
大通	12,756	79,008	41,039	34,969
乐都	9,651	66,181	35,664	30,517
民和	10,393	52,549	28,461	24,084
湟源	4,376	23,715	12,282	11,104
贵德	4,510	17,621	9,033	8,588
化隆	4,548	17,847	6,409	8,438
循化	5,777	24,734	13,135	2,599
共和	4,270	16,590		
门源	1,816	10,277	5,552	4,725
同仁	13,500	54,000		
都兰	35,800	14,300		
玉树	11,742	94,894		

按,此表数据有误,如都兰的户数、人数失误较大。

（乙）青海蒙藏族人口调查表

藏族

族别	户数	人数	官人姓名
嘉务族	900 余	6,200 余	拉洛
区麻族	600 余	4,500 余	尕日哇
牟陀族	800 余	5,900 余	鲁木才让
尖木族	460 余	3,150 余	娘木加
浪家族	240 余	1,770 余	达尔吉
向彭族	180 余	1,500 余	根爱
金仓族	250 余	2,200 余	堪布加
古德族	350 余	2,200 余	馆泰尔
瓜什吉族	580 余	4,600 余	尖巴拉
雅隆族	400 余	2,700 余	阮得开
孜隆族	400 余	2,300 余	杰丹木
贺乃亥族	660 余	3,400 余	贺日
刚咱族	1,700 余	6,100 余	花卜庄
汪什代克族	1,280 余	5,300 余	花布憎
浅布绿族	1,550 余	7,100 余	次亥巴
都秀族	1,230 余	4,700 余	项若
拉安族	720 余	2,550 余	勒格
公洼塔代族	290 余	4,900 余	河粗呼祥三木
曲加族	600 余	2,200 余	达哈拉尔加
阿什克族	980 余	5,522	安本卡
康日千族	20,000	94,000 余	不详
阿什羌冈麻族	30,000	56,500	
康塞木族	15,000 余	71,500	

（保安十二族：嘉务族、区麻族、牟陀族、尖木族、浪家族、向彭族、金仓族、古德族、瓜什吉族、雅隆族、孜隆族、贺乃亥族。环海八族：刚咱族、汪什代克族、浅布绿族、都秀族、拉安族、公洼塔代族、曲加族、阿什克族。果洛九族：康日千族、阿什羌冈麻族、康塞木族。）

续表:

	族别	户数	人数	官人姓名
果洛九族	阿什羌女王族	8,000	37,500	
	豪高日麻族	52,000	25,000	
	夏亚哈族	2,700余	8,000余	
	项欠杰坝族	15,000	72,000	
	白乌本族	4,800余	23,000余	
	果洛斗亥桃族	4,500	21,200	
玉树二十五族	昂欠族	219,000	13,200	本西才文多将
	苏尔莽族	550	1,400	尕汪
	扎武族	800余	4,500余	久美
	普庆族	606	1,500余	尕麻协惹
	拉达族	260余	1,500余	馆吉
	迭达族	250余	2,700余	他力
	拉休族	880余	4,500余	瓦将
	称多族	170余	920余	昂朵
	安冲族	350余	2,900余	藏理
	固察族	120	730	才让文杰
	竹节族	250	2,350	普材
	永夏族	400	3,500	昔扎格乃
	藏古尔津族	1,100	5,400	勿加昂布
	娘错族	270	1,650	罗尕
	总举族	120	580	宗冷秋加
	江赛族	670	3,100	格达
	雅拉族	200	1,600	日收
	戎模族	800	4,200	老任

续表：

	族别	户数	人数	官人姓名
玉树二十五族	格吉麦马族	800	2,800	曲加扎巴
	格吉班马族	250	1,700	曲加明错
	格吉纳藏族	280	1,480	布伽
	上中坝族	260	2,150	才张
	中中坝族	170	820	托陀官保
	下中坝族	355	2,580	汪久多吉
	苏鲁克族	32	150	干巴

按，此表数据有误。如果洛豪高日麻族、玉树昂欠族等的户数与人数，失误较大。南京档案馆所藏原稿如此，姑存疑。

蒙古二十八旗

	旗别	户数	人数	王公姓名
和硕特部	西前旗	500	2,600	才拉什扎布
	西后旗	300	1,500	齐木称旺扎勒拉布丹
	西右中旗	960	5,300	德庆旺拉
	西右前旗	250	800	雅楞杰勒
	西右后旗	420	1,300	僧格拉卜丹
	西左后旗	560	1,870	太木巧羊桑加
	东上旗	270	530	勒克到日
	南左后旗	720	2,500	耀布他日
	南右后旗	520	2,800	索南群派
	南右中旗	550	2,500	策仁他尔
	南左中旗	230	1,100	索南到吉

续表：

	旗别	户数	人数	王公姓名
和硕特部	南左末旗	460	2,200	丹增
	南右末旗	170	980	官保加
	北右翼旗	200	1,500	索南年木哲
	北左翼右旗	820	4,490	索南旺济勒
	北前旗	690	3,500	索南木扎希
	北右翼末旗	530	2,600	索南端王
	北左翼末旗	210	1,500	索南僧格拉卜
	前左翼首旗	340	2,200	官保多吉
绰罗斯部	南右翼首旗	670	3,700	林沁旺济勒
	北中旗	820	5,480	扎希南木济勒
土尔扈特部	南中旗	420	2,640	旺庆萨保
	西旗	520	360	仁庆诺洛
	南前旗	220	1,430	噶藏旺济勒
	南后旗	450	2,200	多锐
辉特部	南旗	390	150	巴马旺济勒
喀尔喀部	南右旗	710	4,820	拉布旋木诺尔
察汗诺们汗部（藏）	察汗诺们汗旗	660	3,300	白佛（藏）
共计二十八旗		13,560	65,850	

合计：

	户数	人口	
蒙藏族共计	126,463	636,900 余	
全省共计	285,461	1,495,852	

青海中等学校调查

校名	校址	学级数	学生数	教职员	每月经费	负责者
省立西宁高级中学校	城内西街	高中一级简师四级	211	38	2,605	穆建业
省立西宁初级中学校	宏觉街	共三级	182	37	1,260	王守均
回敦促进会附设西宁初级中学	城南关外	共三级	182	20	1,278	马霄石
省立西宁工业学校	职业街	工科三级农科二级	183	56	1,930.95	马绍武
省立蒙藏师范学校	城西门外	二级	60	18	400	吴世瑾
省立西宁女子简易师范学校	公安街	四级	64	22	1,143.46	
省立乐都初级中学校	城内西街	二级	29	14	566.66	吴邦振

民国廿×年　　　月

西宁县风土调查记

一　关于疆域沿革

(一)设县年月

前清雍正三年。

(二)名称变更

西宁,汉为西平郡,魏晋因之,后魏为鄯善镇,周为乐都郡,隋为湟水县,唐分置鄯城县,五代为青唐城,宋、元皆为西宁州,明为西宁卫。清雍正三年设西宁府,置西宁县。民国成立,府缺裁撤,而县仍沿旧名。

(三)辖境损益

辖境,民国纪元以前无所变更。客岁,增设门源、共和两县,属境北山后仙米〔密〕、温朱古二寺划归门源(县)管辖,南山后郭密各族及小陵西江拉划归共和县管辖,自是疆域缩小。近又在县治威远堡设立互助县,自东川张其寨起,至临城上下朝阳以北,迄北川长宁堡、景阳川、沙塘川、沙脑各处,完全划归互助县,约占去全县面积三分之一。

(四)四至境界

东至乐都县界,南至贵德县界,东北至互助县界,北至大通县界,西至湟源县界。

(五)纵横里数

纵一百四十里,横二百九十里。

(六)区村镇堡

县治向年划分六区,临城为第一区,东川为第二区,南川为第三区,西川为第四区,北川为第五区,沙塘川为第六区。六区共三百二十四村。现在互助县成立,因面积缩小,已将六区定为五区,除东川所划余之平戎堡合向日、临城所属之祁家川定为二区。暨临城仍定为一区,第三区无所变更外,其旧日第四区以地面辽阔,且因湟河天然界限,划分二区,河南为第四区,河北为第五区。其北川、沙塘川与东川大部分则属互助县管辖矣。村庄约划去全县三分之一。镇堡有三:一为镇海堡,一为鲁沙尔,一为上五庄。

二 关于种族户口

(一)民族种类

县民极其复杂,汉、回外,有土、番等族杂居各乡。回、土言语与汉民同,番民言语与蒙古略同,近年为汉族所同化,其善汉语者,较前尤多。

(二)各族住地

回汉两族居城关暨一、二、三、四各区,番族居一、三、四各区,土族居一、二、六各区。自互助县成立后,二、六两区划归该县管辖,除第一区外,其他各区无居住土民。

(三)各族户口数目

汉族共一万八千零一十户,共人口一十万八千二百三十一人;回族共七千零一十一户,共人口四万九千三百八十五人;番族共八百五十一户,共人口七千零一人。

(四)全县户口统计

县属各区原有户四万七千九百余户,现除归属互助县外,只有二万五千八百七十二户。

三 关于宗教风俗

(一)教堂、寺院名称及变迁

西宁民族极其复杂,对于宗教各有崇奉,盛行者为回教,其次则为佛教,番、土各族均信奉之。天主耶苏〔稣〕之教,不过百分之一而已,教堂有二,一为福音堂,一为天主堂,清光绪末叶外人来此设立。寺院,回民有清真寺,每日群往讽经,沐浴四五次,以示清洁,而固信仰。番民有藏经寺、宏觉寺、塔尔寺、隆务寺、哈朱寺等;而塔尔寺规模宏壮,为各寺之冠,有殿二,瓦皆流〔鎏〕金,名曰大金瓦寺、小金瓦寺,光彩夺目,僧人约有三千余名。每年正月十五日夜燃放花灯,以酥油造成楼阁人物,巧夺天工,情景毕肖,观者如堵。教堂、寺院名称历代相沿,无所变更。

(二)宗教种类派别

宗教有回教、佛教。回教之祖名曰"阿丹",现分老教、新教两派。回教名曰"清真教",清者,无浊之谓;真者,无伪之称。其教以三十部天经及念、礼、斋、课、朝五大端为宗旨……佛教,自明末〔初〕有宗喀巴者降生鲁沙尔地方,痛教法堕……传授两大徒弟,一曰"达赖",一曰"班禅"。今之西藏达赖、班禅即其六七世徒孙也。因教规綦严,人遂称之为黄教……

(三)婚姻丧葬

土、番民结婚时,先由二媒人介绍,允亲后,即送酒瓶为定。聘礼用钱、布及头上脑匝、螺绚脑匝、长簪、手巾、铜鬍子。亲迎时,请本卜子及念经人,按经卷择日接娶,男家请男妇二人迎之;新妇骑快马,女家亦用男妇二人相送。是日,女家亲戚随后俱往,席地而坐,每人备给羊肉一份,以大瓶、木碗传酒,男女大小唱番曲。新妇甫至门时,用红毡一条以四人各牵一角,将新妇抬入厨房,同时,将迎送男妇泼水、撒面,几成白人。女家亲戚散后,新郎、新妇始入洞房,男女互唱番曲,然后上床。好事者,多以绳将新郎、新妇束之如一人状,男女家俱以为得意。其丧礼,如人殁后,将尸束为坐像,坐木龛盛之,请活佛及僧人念经毕,阖家举哀,送之空地,用火焚化。三日后,拣骨盛木匣中,择清洁地埋之,清明日始卜葬焉。春、秋二季焚纸钱祭奠。

回族习惯,结婚时,先由媒人介绍,允亲后,即送茶一二包为定。聘礼用布匹、胭粉、纸花、首饰等。亲迎时,由新郎家请阿訇念经,经念毕,男家请男四人、女二人,用轿车或轿或马迎新妇至家,与新郎始合卺焉。其宴会与汉民略同。丧礼,人殁后,无论贫富,将尸体依照旧规用清水洗净,然后用白丝布或白大布缠裹,做成衣装服之,抬到礼拜寺,请阿訇及亲友对灵向西讽经。片时后,立刻送到坟茔埋之。墓穴,汉民将棺直下,回民则于穴底旁开穴,尸下入旁穴,葬毕,不焚纸钱,至百日或周年再念经焉。

(四)服饰用品

回民服饰,男与汉民同,惟平常戴帽无顶;妇女无论冬夏,戴一古风帽式之暖帽,名曰"盖头",又戴一面罩,名曰"脸罩",虽步行,亦如此。

番民男多服短皮衣,冬夏常用,腰带系有小刀、火镰、鼻烟壶,穿牛皮鞋,并有佩刀、高尖帽、康缠鞋、念珠等;女子有辫套,上镶银器、宝石无算。

用品,番民家中无琴、桌、椅、凳,仅用小炕桌。饮食用木碗,用磁〔瓷〕碗者仅少数而已。回民用品及土民服饰、用品与汉民同。

四　关于人情习惯

(一)性质职业

本县辖境汉、回、番、土杂居,汉民占百分之六十五,回民占百分之二十五,番民占百分之七,土民占百分之三。汉、回多颖悟、驯顺、善良。汉民特性,坚苦耐劳;回民特性,善经商,不避险阻,兼有团结力。番民除各寺院番僧外,其余名曰"家西番",为汉民已同化者,愚懦多迷信,与土民相等。其职业,汉、回农业约居十之七,商业约居十之二,工业及杂业约居十之一。番、土均从事农业,间有从事工商业者,不过百分之一二而已。

(二)生活嗜好

本县地处边陲,交通滞塞,农、工、商均不发达,生活困苦,乡村男女衣不蔽体者十居八九。向年羊毛价廉,每百斤不过值银洋五元之谱,农家自纺自织,多衣褐服。近年皮毛价昂,褐服几同丝罗,布又价贵,是以冬夏裸体者比比皆是。至严冬时，惟以畜粪煨热火炕，藉以御寒。嗜好，汉民喜饮酒、吸烟。吸水、旱烟者十居八九，吸大烟者百分之一；酒则有以青稞自煮之酩酏酒，内置麻醉性药，久饮中毒，辄有精神错乱之弊。番、土均喜吸旱烟，亦嗜饮酩酏酒，惟回民嗜酒烟者极少。

(三)饮食居处

汉、回、番、土均喜牛乳茶，米汤间有之，本地生产小米、黄米，妇人产孩后饮米粥，以其乳多也。食用面。回民禁食猪肉，汉、番、土则牛羊肉等均食。城市居民间数月必食肉，近年生活程度日益增高，乡村之民除冠、婚、丧、祭及年、节用肉外，粗食惟恐不饱，朝夕饮开水、食炒面。市民中食麦面者过半，乡农视麦面如珍馐，生产之而不获食，可怜也已。居处，汉、回、番、土均住房屋，其住土窑者，仅最少数而已。

五　关于山川气候

(一)山川名称

县治北有土楼山，北魏郦道元《水经注》云：上有土楼，"北倚山原，峰高三百尺，有若削成，楼下有神祠，雕墙故壁存焉。阚骃(十三州志)曰，西平亭北有土楼神祠者也"，即北禅寺,故又名北禅山。

金蛾山　去县治西七十里。上有漱池,以阴气甚盛,每多雹雨。隋炀帝征吐谷浑宴群臣其上,后围吐谷浑于覆袁川,命元寿南屯金山是也。居民以上有飞蛾黄似金,谓之金蛾山。山麓立有圣母祠,俗又谓之娘娘山。

旱坪山　在县治西北十里。以无饮泉因,名为大旱山。自清乾隆时,有辽海杨应琚观察西宁,始改名为大有山。山麓土司李氏祖茔在焉。

白象山　西去县治五十里。似象形,其土色白,故名。又名新增堡,适当鼻息。

凤凰山　去县治西南二里许。上有寺阁。可以眺远,西有岩洞,下临大川,又名南禅山。

罗家湾山　去县治东南二十里。前清光绪年间,办事大臣李慎建塔山巅,以壮文风,号"文峰塔",竞势争高,若攒图之托霄上。

峡口山　在县治东北三十里。石山对峙,河水中穿,为湟、鄯往来咽喉。汉时名湟陿,赵充国屯田金城,奏湟陿以西道桥。《水经注》"湟水又东经西平城北","北出漆峡",即今所谓小峡也。唐人常修阁道,宋筑省章城,控制要害,又名绥远关。最近称武定关,名于何时,未详所始。

西元山　在县治西南八十里康缠脑。巨石崇竦,黛色侵云,即道藏之第四太元极真洞天是也,俗呼为南朔山。

云华山　在县治南二十里。嘉靖年间邑民建集福观。

拉鸡山　在县治南一百里,往时赴贵德(县)者,由群加番族绕过数十里,近今地方官注重路政,开修此山,路直而捷,为南北要道。

阿密吉利山　在县治南一百三十里。山势崔巍,为西、巴两县分界处。

文笔峰　在县治南里许。邑人集资,筑墩其上,围砌以砖,遥望似笔,故名。

苏木什山　在县治西五十里。峰峦苍翠,草木茂盛,迤北为西石峡。

牛心堆　在县治西南,唐李靖征吐谷浑,败其兵于此。

风　岩　在小峡口山。山半有岩洞,下临湟水,每起大风,居民祷之。

贵德峡　在县治南八十里。两山对峙,水出其间,赴贵德之孔道也。

西石峡　在县治西七十里。两山陡削对峙,湟水横流其间,为西路要隘。

九道岭　在县治东南二里许。

牛心川　在县治南,今谓之南川,按郦道元《水经注》云:牛心川"水出其〔东〕南远山中,东北流经牛心堆东,……又北经西平亭(西),……东北入湟水"。

长宁川　县治北,今呼之为北川。旧志谓车卜鲁川,一
名干尔尕川。晋置长宁县于此。《一统志》谓伯颜川,非是。

伯颜川　在县治西,今谓之西川。按伯颜渠所溉皆西
川之田,则伯颜川为西川无疑矣。

安夷川　在县治东,今谓之东川。按《水经注》云:湟水
"又东经安夷县故城……城有东西门, 在西平亭东七十
里",今平戎驿也。

南川河　在县治南,纵流入湟。南凉王秃发乌孤时,麒
麟游于绥戎,故又谓之麒麟河。

北川河　在县治北,纵流入湟。按《水经注》云:"水出
松山,……东南……晋昌川水注之,……又东南养女川注
之……又东南流注于湟水。"原名苏木莲河,又谓之长宁
川水。

西川河　在县治西,其源出西塞外海盐池,北经湟源
县,由西石峡进口,即名湟水,古湟中之名由是水也。

东川河　在县治东,总汇西川、北川、南川、沙川各河,
仍名湟水。经小石峡至河滩寨,入乐都界。

(二)山脉形势

西宁山脉分南北两支,在湟水以南者为南支,其脉来
自日月山西南。入县境起为苏木什山,草木畅茂,农民利

赖;迤东为拉鸡山,峰峦险阻,瘴疠称盛;又迤东为阿密吉利山,山深谷邃,铅矿最丰。以上三山,覆岭迭嶂,起伏不绝,天然形胜,横障于南。拉鸡山迤北,倾斜舒缓,山势渐降,毓秀钟灵,郁于大、小康缠脑者为西元山,岩有石洞,中有佛阁,烟云杳霭,风景清幽。六月六日,士民朝山谒佛者甚众,故又名为佛山。由阿密吉利山迤北,龙蟠蛇伏,分驰于大、小南川及祁家川间者,山脉膏腴,田连阡陌。抵临城南郊,著名者为凤凰山,上有楼阁,可以眺远,俯视银湟,瞭如指掌。其东南为灵华山,亭亭杰竖,耸乎山巍者,文笔峰也。又东南为罗家湾山,云鬟撷翠,坐镇巽方者,文风〔峰〕塔也。更东则为牛心山及汪家大山焉。

在湟水以北者为北支,其脉来自祁连山。特然隆起,偃卧于县境西北者为金山,顶多湫池,渊深莫测,阴凝厉气,往往酿为雹雨,摧残嘉禾,为害甚巨。由金山西南行,起为拉课山,树木丛生,堪称沃壤,迤南至西石峡,即与湟源分界。由金山东南行,为大有山,山势甚平,系高原性质,雨旸时若之年,此山之民始庆丰登。倾斜而南,渐降为小有山及白象山。若夫石质戴土、虎踞湟北、岗峦分布严重可观者,则北禅山,峰高状如浮屠,脉亦来自祁连山,屏蕃〔藩〕省城,素称名胜。此西宁正脉形胜之梗概也。

(三)森林矿苗

1.森林

在西宁全境未划分以前,北山后仙米〔密〕寺、温朱古寺、南山后尕让尔等处,均有松林。至民国十八年,北山后各寺划归门源县,尕让尔划归共和县,县境内再无松林及其他森林。虽西纳、拉课、帮巴等庄仅有小毛林数处,不甚畅旺。惟近年官厅提倡栽植柳树,四乡各区栽植不遗余力,各处均称发达。然年栽年伐,所植只供所需,尚无大宗森林。

2.矿苗

西宁向来绝少,惟民国十六年,东川张其寨发生矿苗,未及多日,遽然断绝。此外,如南山后之隆冲、河北山后之甘禅沟,不无沙金,然所产甚微,苦工所获,日不自赡,且地面狭隘,不足招商,故无采者。

(四)川流方向

西宁水道分南、北、中三派,大势皆东趋。北派为大通河,即浩门水,发源于青海北境之阿穆尼尼库山之阳乌兰淖尔,上游在番地名为"乌兰木伦河"。自乙思门蔓山丛之阳流入永安滩,东趋会海子水;又东趋会白水河,水过黑石头泛地,有老虎沟自北来会;又东至北大通营,在达板山阴有渡口,为大通县与大通营往来要津;又东趋,北岸顺红山堡,南岸燕麦川,北岸入县境北山后仙密番地;又东趋北汇

(温)朱古沟水,过芦花台,出甘冲沟,入平番界之天堂寺山阳,东趋矣。

南派为黄河,发源于青海西南之噶达素齐老山阳坡乱泉子,号"星宿海",所谓"大珠小珠落玉盘"者是也;东南流汇为扎陵、鄂陵二海,元人所谓"火敦淖尔"也;又汇巴尔马鸡、呼呼乌苏等南北十数河,又东趋偏南,流至滂马大阴山之东。谓麻〔玛〕沁雪山之西头,两山峡水出峡南流,滂马大阴山与麻〔玛〕沁雪山统名大积石山,《禹贡》所谓"导河积石"是也;又西南折东为玉树之昂谦土司住在地;又东绕麻〔玛〕沁雪山阳坡,有昆都仑河自猓猡〔果洛〕南境西流来会,北过阿错呼番地;又折向西北流,过阿里克土司番地,土著所谓"二道黄河";又北上折向东北,流绕过和硕特南翼中旗郡王牧地,北上经贵德县南山后雪仓、鲁仓等番地;又北趋入上、下郭密番族东境,至龙羊峡,折东流入贵德境西北,又东会暖泉热水,经贵德城东逝矣。

中派为湟流,虽下游统名湟水,而上游来源不一。考湟水自青海东之察汉鄂博图山发源,东流由湟源县城南折北,流入西石峡,自西宁县属之石板沟出峡,至扎麻隆,有舢桥为西、湟两县要道;又北过新增堡折东,有拉课河自西北来会。拉课河自青海群课蒙古北境流入水峡,至西宁县属西纳川上五庄,顺大石头奔巴山根东流过杏树庄,入湟水。折东流至新添堡南首,有贝迭沟河自北来会。贝迭沟水自云谷川脑之金蛾山阳发源,分东西两派夹土堤而南流,至新添堡南入湟。又顺马家崖头东趋,过马盐庄,至大、小有山前,与北川河汇流而东,新建惠宁大车桥以通西北两川行旅。北川河亦名苏木莲河,上游两源,一由大通县西境偏北之博课峡入口,一由大通西境偏南之黑林峡入口,两水合襟东流。由大通县城阴至老阴山东,有水自北来,谓"东峡河"。东峡河自仙密族之脑山发源,流过广惠寺,至閤门滩入湟。南趋上有舠桥,以通河东西行旅,自斯顺依山十三堡南流至小桥庄入湟。折东流,南岸过李家墩之红崖浪鱼翅园,北岸过上朝阳至土楼山阳,有南川河来会。

南川河一名麒麟河,昔年有麒麟来游,故名。发源于拉鸡大山之阴药水峡与马鸡,上游分东西两派,东派自上新庄流来,由加牙城东至申中;西派自门担峡来,由加牙滩北流。至陈家滩,东西两派合流;至谢家寨,又西汇享堂泉,出绿水自东来会。绿水自上下峡门流入东沟滩,出东口,东汇羊毛沟水,合流过许家寨,流过王斌堡,至谢家寨,过享堂沟,至沈家寨,又白水至东来会。白水发源于魏家泉湾,北流过新庄,至星家庄,折东入麒麟河。北流至西宁县城西,上建通济大桥,两岸绿柳葱茏,《诗品》谓"画桥碧阴",实现其景;再北流,汇诸泉水,入湟河。

麒麟河南高北下，东西两岸溉田至十余万倾，西宁水利无有大于斯河者。惜水浅辄涸，流急辄竭，南北十三道渠坝，又有东西磨沟，时有不敷分布之虞。湟河合流而东，有大桥通南北行旅，又东过铁佛寺滩，再东北韵家口，有沙塘川河自北来会。

沙塘川河发源于沙脑之龙王山南，流出柏木峡过威远镇又西汇班家湾白崖庄水，东汇安定庄水，南流至傅家寨入湟。东趋出小峡口，有舠桥为晋省小道所必经，又东有水自小南川之彦菜沟来，名西沟河，东汇红、哈二沟水于白马寺，又东至西营堡，有祁家川、牛心山水与乩思观东马厂〔场〕之水合襟北流，过新庄大寨子，至西营堡，入湟河；东过平戎堡二十里，至东营堡，又南入巴臧沟，水出大峡口，入乐都西境矣。

六　关于古迹名胜

（一）碑碣坊表

1.碑碣

县城南关外，有清乾隆间古北口提督高天锡碑一座，系清高宗御赐碑文，其字体满汉两种，迄今巍然独立，字迹尚存。南郊有孝子张达碑一座，东郊有烈女贾玉玛碑一座，西郊有烈女吴玉桃碑一座。

2.坊表

县城内中山大街有川陕提督张尔奇牌坊一座,石坡街口有烈女贾玉玛碑坊一座, 中山大街又有汪孝子坊一座,东关有旌节总坊一座。

(二)陵墓壁垒

1.陵墓

北川有清广东总兵柴国柱墓, 东郊有烈女贾玉玛墓,西郊有烈女吴玉桃墓。

2.壁垒

西郊有东晋时南凉王秃发乌孤所筑将台。县城东罗家湾有古营垒遗址,相传为汉将营云。县城西北三里许,有营垒一座,扼西、北、南三川之要隘,系光绪初年湘军建筑。

(三)岩洞矶石

1.岩洞

县城北二里许湟水北岸,有土楼山,山腰岩洞十余处,中有如浮屠者,天然构成,并因其形如佛,俗名为闪佛云。县东二十五里之小峡西口,有石洞一处,内有风姨塑像。又南川黄蒿台有石洞数处,内有泉,潝然涌出,水极清冽。

2.矶石

西宁向来绝少,惟玉石之属甚夥,分述于后。

丹麻石,含镁养与砂养,色间红黄,或间微白,半透明,可作器皿,但质欠坚贞,不便过事雕琢,产东南乡丹麻庄,故名。

石膏即化学镁(应为硫酸钙——编者注),原白色,微透明,平方面,破口纤维状,生熟均作药材,可粉墙壁,产临城东川傅家寨山腰,距城二十里。

硝石,白色质松,能脱落皮毛,皮房咸用之。法制成粉,可佐药作泄,泻品名"芒硝",产临城北山腰。

科子石,如豌豆大,色白明,与青色玫格错综相间,质重性硬,可作磨扇石,产于北山保家石窝,距县城百余里。

硝,即镁养(应为硝酸钾——编者注),法制可作焰硝,能配造火药,产出不一,足供所求。

菜绿石,色淡绿,质坚鞣,产西南乡石板沟,距城七十里,可铭碑,经久不蚀。

石板,色青黑,质坚硬,面平,而玫格层间剖之,层薄如板,可宽尺余,长三四尺不等,作圆盖可覆酱瓶与醋瓮,并可作暖炕面。

石灰石,多含镁养与砂养,形圆或尖圆、扁圆、椭圆不等,大小亦殊,遍地可采,所采足供所求。

矾石,东川湟水有大峡矾石,距县城百里。距县城三十里有小峡矾石,堪舆家称为"罗睺"。

七　关于政治实业

(一)警卫自治

西宁旧有警察所一处,城关设驻在所五处,所长(由)县长兼理,警佐、巡官各一员,稽查、雇员各二员,巡长八名,警兵七十二名。去岁,青海省成立,设省会,公安局归并县警察所,并岁入商捐暨四乡堡捐,由省公安局直接征收。去年六月间,县公安局成立,前项捐款仍划归县政府征收。自治,于民国十五年成立自治筹备事务所,着手调查户口。(民国)十六年自治区成立,自治筹备事务所即行取消,调查户口事宜,由各区区长负责办理。现在各区民团奉令改办保甲,即备施行自治之基础。

(二)道路水利

县境道路分东西两路,自东关起至东营堡止,计程八十里;西路自西门起至西石峡止,计程七十里。合计沿线共长一百五十里。大车路南路自南门外起至拉鸡山止,计程九十里;北路自北门起至许赵庄止,计程七十里。

水利,无大渠,各区共有渠九十余处,名称多未载,灌溉田亩约三十万七千三百五十亩,渠流长度约百余里。渠有冲壤,各庄自备人夫补修。其创设时代,考诸志乘,亦无记者。

(三)公益卫生

县旧设平民医院、因利局、善济院、同善公所、牛痘局，均属公益。平民医院每年春秋二季配制药剂施放，预防疠疫、霍乱等症，散后呈报县政府备案。因利局商会负责办理。牛痘局委有局长，种痘不令受资。同善公所由地方绅耆经理。养济院，本年经县府呈请照准修建第一院，业经修理竣工，共成房四十余间，孤、贫、残废可免茅檐露宿。卫生，除平民医院、牛痘局外，有中医十余人，专治内科。惟自新省成立后，中山医院、普济医疗所等处相继成立，关于内、外两科疾病，地方人士咸称不感无医可治、无药可服、祈祷外人之困难。

(四)赋税杂粮

本县额征田赋因地有肥瘠、粮有屯番之不同，在互助县未划分以前，共征粮二万四千三百十一石九斗二升七合，粮石折银一万七千二百两，上色征收豌豆七千三百四十九石六斗九升七合二勺一抄，下色青稞三千一百五十石五斗五升九勺六抄。此外，附加盈余屯粮每石一斗五升七合，番粮每石一斗七合。历年豁免缓征比较额，计二千八百二十三石六斗八升六合四勺五抄。

印花税每年征收三千余元，征收税率每元征收洋一元

（此处有疑——编者注）。契纸每张收纸费洋五角,每年征契纸税一千余元。磨税岁入经常额每岁征洋二千三百七十五元,征收税率分甲乙丙三等,甲等年纳税洋五元,乙等三元,丙等二元。滞纳漏税罚款无。

(五)司法教育

民国十五年八月十一日成立县司法公署,(民国)十六年甘肃高等法院第六分院成立,法署取消,人民诉讼赴法院诉理。去年成立行省,因高等分院旧址设青海高等法院暨西宁地方法院,诉讼方面极称便利。

县旧有监狱一,全监作四方形,面南背北,地基在狱署后,面积狭小,修理坚固。清光绪三十三年建筑,房屋内容均不合卫生。本县奉令(后)改修,除墙垣仍旧外,内北房三间为教诲室,以资训诲监犯,期收感化之效。西面五间为监所,高约丈余,深约二丈,宽约四丈六尺,中设木栅,四围木椽,下铺地板,离地尺余,每间约居六七人,周围留有间道,防范较便,取意禁严,窗户宽大,空气内外流通,最宜卫生。南头稍有看守室,看守轮流住宿巡查。便溺,厕所建筑所后,以防浊气熏蒸也。东面因地址狭隘,无屋。南面三间作厨室,锅炉六座,厨室后有空道,为出入监所之路。东南角开监狱大门,二对面设看守室二间。狱内并令看守按时洒扫清洁,不积污尘。兼备官医及病室,人犯有病,延请官医诊治;病重,移居病室摄养,冀免传染,用重公共卫生。监犯每名每日照章准支仓斗粮八合三勺,并设编织监犯,随时织造麻鞋、羊毛腰带、髻纲、毛编数种,出品坚牢,颇能售卖。设狱员一、看守四。狱员办公室前面有前建筑之看守所、东西羁押室共一十四间;北面有所官办公室三间、厨室一,厕所一;南面即前监狱之大门也。本年划归西宁地方法院,专委所官一人管理。

(六)教育应分下列各项

1.成绩

地方行政教育:一为县视学,专视察各校之办理优劣及教员之管教勤惰,督促进行,共臻完善;一为教育局,专管县立各校教育经费,并令各劝学员分区视察,每年周历二次,广为劝导,以期教育之普及;一为教育会,每年开大会两次,招集教育界同仁共同研究,力谋进行,遇有特别事件发生,招集临时会公决之。

学校教育:高级男校九处、女校一处,每年毕业一次,办理均属完善;至初级小学,现已增至一百四十余处。

社会教育:设立阅报所数处,讲演社一处,并令各学校组织讲演团,每逢星期日及各纪念日在各街游行讲演。

2.学校

名目甚多,不及备载。

3.学童

就学儿童数目约十分之八,失学儿童约十分之二。其救济办法,由县府暨警察所、教育各机关创设平民学校,庶为收容。

4.机关

县教育局,民国十五年三月由劝学所改组成立,其地址在城内宏觉寺街。本年春季新建,每年经费大洋五百二十元有奇。局长贾思复,西宁县人。

教育会,民国十一年成立,地址在城内董公祠内,每年经费大洋二十元有奇。现任该会常务委员者刘永、牟松年、孙友麟三人。

5.经费

全县教育经费系原有书院及文社、义学各款基金发商生息,每年共收入银洋四千二百一十元有奇,用途系分配各校经费,每年共支出大洋四千二百一十元有奇,管理人系教育局。

6.私塾

乡间私塾,数年以来由教育局督促,县督学多方劝导,现已俱改为初级小学。纯用师范毕业及检定及格者为教员,学童亦逐年增加。惟近年收成欠薄,负担加重,间有前清生员暨高校毕业生教授,名为学校,实系私塾性质,但不过十之二三云。城内私塾向有十余处，自去岁成立行省，经官厅严加取缔，尽数停顿。

7.留学

西宁留学山西太原大学暨南京者，共二十余人，姓名多未详。

(七)农工商矿

西宁工业向来不甚发达，并无大规模之工场，多系徒弟制之手工业，用小机器者仅少数缝工。唯南川加牙设立职业学校一处，所做成品，毡毯为多，而坚密精致，较肆间所售尤佳，前经呈准财政厅，暂准免税，以资提倡。

商业：宣统三年成立商会，会长张凌阁，副会长李树林，特别会董四人，会董二十人。营业种类仅羊毛、杂货、海菜、布匹、绸缎、绫罗、京货、药材数种。经商人数共一百五六十人，山陕两省占大多数，本地人占少数，鲁豫及各省人更少，艺徒约一千六百多人。

货物：布匹多来自湖北及陕西之山原，茶尽系湖南省之大块茶，药物多由四川、汉中一带运来，洋货多由天津运来。唯近年因东路兵匪时有，战争迭起，道路极为滞塞，故各种货物时感缺乏，大有供不应求之势，各种货物价值飞涨，且多不全矣。

矿业：无大规模之矿业，如食盐，来自青海，煤来自大通。本县之马圈、小峡、观音堂沟虽均有板子炭、木炭,亦未曾正式开采。至如金矿,则由私人在河沿一带随地冲淘,毫无组织。

(八)畜牧屯垦

西宁并无有组织之牧场,唯私人牧场纯系旧式放牧,并不以人工饲畜,马、牛、羊三种,每场至多二三白头。其余农家祇畜役乳兼用之牛及取毛之羊、骑乘耕田之骡马,不过视之一种辅业而已,故毛系自用,销售者极少。

屯垦:自民国十三年成立宁海垦务局,督办马阁臣(马麒——编者注),总办赵存懿,局内设一、二、三科,原拟在西宁、湟源、大通、循化、贵德、都兰、玉树、囊谦、大河坝、拉加寺等先设分局十处,嗣以经费无着,迄今未能进行。现在垦务总局即前培植之所遗留也。

中华民国二十一年五月

甘肃大通县风土调查录

叙　言

民国纪元之十有四年冬，解梁薛公来长陇政，甫下车，即檄守仁宰大通，临别赠言，谆谆以洁己奉公、勤政爱民为训勉。既刊《行政简要方针》，与百僚共期化成，复令编《风土调查录》，藉以周知民间疾苦，洞悉地方利弊，汲汲求治，意至美，法至良也。守仁奉令承教，弗敢失坠，分类调查，勉企翔实，凡十越月，乃得端绪，缕晰条分，编述如下：

起例发凡，提纲挈领，庶政聿修，有条不紊，编第一类"总纲"；修明内政，巩固家邦，凡百政务，庶几改良，编第二类"内务"；天不爱道，地不爱宝，因利利民，惠而不费，编第三类"实业"；任土作贡，富国利民，上下相益，端赖会计，编第四类"财政"；十年树木，百年树人，育才养士，开通民智，编第五类"教育"；稽古司寇，维掌邦禁，诘奸刑暴，法令持平，编第六类"司法"；徒杠舆梁，各因时成，披荆刈棘，通商惠工，编第七类"交通"；招携以德，怀远以礼，世界大同，环球重译,编第八类"外交"。凡兹八类,纲举目张,足以为敷政布治,循序渐进之途辙者。试证之《周礼》,乃愈信其概括靡广矣。《周礼·大宰》:掌〔建〕邦之六典,以佐王治邦国,以八法治官府,以八则治都鄙,以八柄驭群臣,以八统驭万民,以九职任万民,以九赋敛财贿,以九式节财用,以九贡致邦国之用,以九雨系邦国之民。彼其所以设官分治,详核尽善者,开吾国政治之先河。吾国数千年来,知以官礼为致治保邦之根本法者。在宋惟王介甫,当时儒生俗士,狃于章句之陋习,群起破坏,不遗余力,使介甫所志未遂,致蒙诟病,良用慨然。在薛公,规定八类,编调查录,亦深悉夫吾国政治,必推本于官礼,师其意而不袭其名,变通化裁,妙用正无穷也。彼其袭欧美之名称,昧中国之内情,日日言改良,而政治日趋于不良,读薛公推本官礼遗意所编言之调查录,能无废然返耶!书成,勉缀数言于简端,岂敢僭以为叙?自谓于老马识途,矇瞍奏公,或其有当。

中华民国十五年十二月二十二日署理大通县知事镇番聂守仁谨序

一 总 纲

(一)沿革

前清雍正年间,设大通卫于北大通城。至乾隆二十六年改卫,设大通县于白塔城。至今仍旧。

(二)面积

东至燕麦川,接西宁县威远堡界;西至黑林闇门外,接青海界;南至黄家寨,接西宁县长宁堡界;北至大雪山,接甘州界。纵横约三百里,面积约三千五百八十方里。

(三)区划

县境三十三堡,共分五区:

中区:毛百胜堡,即县城;

东区:祁家堡、古娄堡、峡门堡、新庄堡、旧庄堡、凉州堡、河州堡、向阳堡,共八堡;

南区:庙沟堡、永安堡、柴家堡、平路堡、东流堡、黄家寨、杨家寨、毛贺堡、石山堡、新添堡,共十堡;

西区:多洛堡、阳化堡、逊让堡、极乐堡、雪沟堡、良教堡、樵渔堡,共七堡;

北区:李家堡、阿家堡、元塾堡、多隆堡、兴隆堡、丰稔堡、红山堡,共七堡。

(四)地形

县治分山南、山北,其形似城。外川,南关也。一入閣门,东西两山,有如城墙;河东、河西、东峡,有如街巷;北至大寒山,有如北城墙;逾大寒山,则红山一堡,有如北关屹立焉。

(五)平原

县城周围,并南至黄家寨九十里,均为平地;北区自东峡起,至下达坂山,至北大通,均系一起一伏之地。

(六)经纬

县境东西纬度约三十七度一十四分,南北经度约一十五度二十分。

(七)气候

天气最寒,每年三月底,冰冻始解。至九月初,已下雪冻冰。每年雪多雨少。即六月溽暑,人民尚着褐衣。大约最热温度在(华)氏寒暑表六十度以下,最寒冰度在十度以上。

(八)土司

土司,千户一员,土官人马头五名,管理牧地事务。所有番民,均归县管理,以牧畜为生活,羊毛、羊皮为产物。

(九)建筑

县城建修于雍正三年,补茸于民国二年。城内关岳庙一所,未悉建于何时;鼓楼一座,奉令改为"明耻楼"。西关城隍庙一所,山陕会馆一所。城南永寿山雷祖庙一所。城内西街文庙一所;东街衙署一所;县署偏西管狱员公署一所,建筑于民国三年。

(十)古迹

县属境内,凡金石、碣碑、坊表等项,无从考查。

(十一)名胜

县城三十五里,有元朔山,人又名"北武当"。石磴盘梯,川流绕带。山顶有大〔太〕元宫,即关帝庙,土人又呼"老爷山"。此外古庙不可胜计。盛夏花秋,名"野芍药"。每逢六月天贶,土民游集,称大会焉。北有巨石,高二丈许,监司龙膺题名"海藏"。又北一洞,原为虎穴,昔有僧人来居于此,虎遂徙去,洞名"慈藏",俞安所题也。西崖雄镇,是为新城,一线中穿,乃通西宁要道。

(十二)人物

大通前系番地,自清初开辟榛芜,始有居民。史乘所载,除科第中陈陈相因之朽腐岁贡、措大生监而外,别无所谓铮铮佼佼之人物可光史册。谨敬阙文,不敢冒滥记载。

(十三)山川

大寒山,即达坂山,高约五千四百余仞。系石山,无森林。

金鹅〔蛾〕山,高约一千五百二十余仞。无森林,上有居民开垦。

元朔山,高约九千五百丈。上有森林,不甚茂盛。

东峡川,在县境东北。至下达坂山根,约五十里,距城二十里。

北川,在县境南。自县城至黄家寨,接西宁县界,约六十里。惟职县平川地少,地形高而河形下,不能引水灌田,故连年亢旱,并无水患之灾。

(十四)湖泊

大通地属西边极高之处,各山所出之水直向东流,并无积注湖泊。

(十五)沙漠

大通县属各山均系石山、土山,并无沙碛之处。

(十六)宗教

回教:本地回民及外来流寓之回民,均奉回教,各乡故有清真寺,并有"老教""新教""新新教"各派别。

佛教:县属九寺番民及蒙民均奉佛教。有"红教""黄教"之派别。

耶稣教:县城及新添堡、大老虎口,均有天主堂及福音堂,附近居民信各教者甚多。

总计各宗教中,而比较其盛衰变迁,则佛教久已消沉,不过假托礼佛,收徒以资豢养而已,于宗教毫无发展;天主、福音各教,传教者均挟市道,入教者多系盲从,甚或利用教民,武断乡曲,凭籍牧司,挟制官宰,于教旨教义,毫无裨益可言;惟回教派别虽多,团结甚固,握有实力,倾向者众,然而为教规所束缚,鲜知顺应潮流,强武悍犷,是其特长。第一,期之固结虽力,第二,期之进化仍难者,实为各宗教所受之普通障碍,正不仅回教为然也。

(十七)风俗

1.婚嫁

民间甲男乙女,如果门户相对,先由男家请媒二人往说女家。如果女家允许,媒人通知男家,按本地风俗,备礼茶二封,由媒人先送女家,谓之"定婚"。又由男家预备酒瓶一对,媒人送到女家,同父母、兄长开瓶,先祭祖宗,女之父兄合家同媒证吃酒。其互换庚帖之事,向不讲求。迨后择期先送大布一对、钱一千,此系古来之风俗,现今增多,或加斜布两对或三对,钱三千或四千不等,胭粉、喜花、首饰全备,俗谓之"小酒礼"。然后两家择定吉期,又送大礼,家道富饶者,按先年之古规,至多不过大布八对、钱八千;家道平常者,大布四对、钱四千,谓之"十六表礼""八表礼"。现今增至布十对或十二对、钱十二千或十五千,另加绸缎料子二三对,押桌银十两或二十两,不一而足。但世道愈趋愈下,人情日趋奢侈,家寒为子婚娶,送礼万难,失婚期而误生齿,有碍民族,为害甚巨。此等风俗,亟应严加取缔。

2.丧祭

汉人丧祭,一遵古礼,大致与各县相同。土人亦与汉人相同。惟回人葬不用棺,用布束尸,葬于土圹之中,并不设祭祀,惟请阿訇念经而已。番民多用火葬。蒙民亦用火葬,葬后即散,并无坟墓可祭,亦无祭祀习惯。

3.庆祝

汉民庆祝,向来以元旦、元宵、端阳、中秋、冬至、腊八为定期。改革以来,又以法定之国庆日为期。土人习尚,庆祝均从汉俗。回人以"主马〔麻〕日"朝拜清真寺。每逢年节,先一月闭斋,日出后再不饮食,须俟日入以后乃得饮食。闭斋满月后,至下月初三四日,望见新月即行开斋,若初三日晚阴,月不出现,初四日即行开斋,庆祝新年。番民奉佛教,每年正月十五日或六月,各寺番僧齐集演会,谓之"跳官景",装神怪鬼魔之象,鼓吹跳舞,马面牛头,备极幻怪;并用酥油作成人形,用刀斩成两段,抽肠出肚,备形惨毒,谓之"杀年羹尧",盖因清初番民受年羹尧之荼毒甚烈,怨毒流传,至今未已。斯又于庆祝期间,含有国耻纪念之意味也。

4.交际

无论汉、回、土人,互相交际,均以茶封、糖包为常仪,番民亦以茶封、糖包为常仪,惟上蒙丝巾一块,番语名曰

"哈达"，上有绣佛像者最精，多系丝麻织成者。彼此交换哈达，乃番民最重之礼节，再重则氆氇、藏香等物，各随感情作用，以定厚薄。惟与回人交际，忌用猪肉、烟酒等物馈赠。入境问禁，尤应注意。至于交际之仪式，汉、回、土人或相揖，或相向鞠躬。惟番民则合十礼佛，伏首至膝，甚为恭敬。

5.服装

汉、回服装相同。土人男子服装亦与汉、回相同，惟妇女束发作两三长辫，垂之身后，与长袍等；服大袖五色长袍，戴毡制大帽，两耳大银环各一，有镶珠石者；项垂长带，上缀铜佛、银花，骨刻各式花牌，有重至三四斤者，与古装女子相同。番民多穿皮衣、毡袄、皮靴、皮帽，身披红褐或氆氇袈裟，其男妇所穿大衣，甚为宽长，腰束一带，凡有零碎物件，均贮于胸前、胸后，尤以皮衣为储藏随身物品之地。其服装之式，番人、蒙人、土人各自不同者如此。至如迷信佛教、神话，以修庙塑像为功德，而倾家荡产，趋之不吝者。除回人为教规所拘束，不肯随俗迷信外，汉民、土人、番民、蒙人均有特殊之迷信，牢不可破。俗尚俭朴，山歌、野曲，番汉相杂。放鹰逐兔、驰马射猎之游乐，汉人惟男子嗜焉。蒙、番、土人，则男女骑射、饮酒，不以为忌……

(十八) 习惯

除回民因宗教禁制不敢饮酒吸烟，汉人、土人、番民均嗜酒,好驰马,放鹰射猎。番民冬夏均穿皮衣,夏则毛向外穿以防雨,冬则毛向内穿以传热。其日常生活,大概以牛肉、乳饼、面茶为需要品。汉民、土人间有住毛毡帐房,游牧草地者,番民亦有修建房舍聚族而居,仿汉民、土人者。汉、回、土人多通晓蒙、番文字、语言,常与蒙、番互市,以博微利。

(十九)民情

大通县汉民淳朴,勤务农业。回民强悍,务农者半;射猎、挖金矿者半。土人与汉民相同。番民多信佛教,皆务农、牧畜,若有遗财,死后即舍施佛寺,不娶妻生子,而以收徒承继,为相沿不改之习尚。

(二十)政绩

黄仁治,善化人。同治十二年到任,时值兵燹,地方凋敝,民气未复。仁治下车,办理善后,百废俱兴。著名逆酋江湖三、马福寿、苏有成等,盘踞县境,时为民害,仁治设法剪除,民始安枕。灾黎十余万,妥为安抚,不至失所。又捐俸修崇山书院,并设义塾。农业耕,土向学,治化大行。期满去任,民无老幼,攀辕泣送,如失慈父。

贾勋,字跂云,江苏上海举人。光绪八年调署大通,以振兴学校、培养人材为急务。未及期月,化行俗易,兼以折狱才长,乡民敬服,几于无讼。悍回马福寿者,由福建派所逃归,将谋作乱,即捕获,治之法,并擒诛抢犯马保元、赵麻乡老、柳毛头子等数人,由是邑中盗贼自行敛迹,人民讴思,今尚未已。

(二十一)物价

各种物价,较之往年,如小麦,向昔每石价银十两有奇,现时每石价银四十两之谱,以此合计,已超过三四倍矣。其余各物价,均可类推。物价过高原因,如粮石一节,近来生齿日蕃,加以连年收成歉薄,每岁饥馑荐臻,所以致伤农家元气,五谷之价,遂以增高,日甚一日。其余各物增高之原因,均在于斯。全年如此,无甚最低时间。

(二十二)用度

上、中、下三等家庭,生活用费平均数目,每日平均一元余,每月平均三十余按,按一家合计,以十口一家为度。

(二十三)工资

各种劳动,每日农家平均工资一角及二角不等。全年工资比较,则于往年超过甚大。其原因在衣履以及器用,盖劳动即是做工,身上之衣履等件极易破坏,近年皮毛、梭布价值日增,工资不增,衣履维艰。如往年,全年工资三十余千,近年已逾七八十千。可见此工资超过较往年两倍以上。

(二十四)失业

大通县全境失业男女约在三千二百八十余丁口。皆因连年灾歉,粮价昂贵,生活程度日高,地方益形困苦,无法为之救济也。失业以后,对于社会上,尝发生一种游手好闲之惰民,更甚者则觊觎小康之家,甘为赘婿,以图安逸。救济此种失业游民,惟在力谋职业教育之发展与工厂之容纳耳。

二 内 务

(一)人口

全县人数:男四万八千五百四十丁,女三万八千三百四十三口。现在户数:共一万六千一百一十户,均本国人。其职:公务员男女九十三丁口,军人四千五百九十二丁口,警士四十二丁口,教员一百二十一丁口,学生二千一百丁口,农业四万六千三百五十丁口,矿业八千七百九十二丁口,工业四千二百一十二丁口,商业六千一百四丁口,牧畜业二千四百五十一丁口,医士八十六丁口,劳力五千六百一十丁口,僧人一千二百二十三丁口,其他无职业者四千九百三十八丁口。此外并无尼姑、道士等类。生产男女约四千一百二十六丁口,死亡男女约三千三百一十丁口。

(二)警察

警察所一所。设所长一员,由县知事兼任;警佐一员;

雇员一员;巡长三名;巡警二十七名;马警四名。城内本所,配置所长、警佐、雇员、巡长二、巡警十八名、马警四名。西关派出所,配置巡长一名,巡警九名。岁入经费钱三千四百八十余千,岁出经费钱三千五百九十余千。其不敷之数,由各任知事筹款弥补。警察职务上并无死伤人员及救护、褒赏、恤助、检举各事项。

(三)自治

大通县自治,因地方瘠苦,向来并未筹有的款,故各种事项,尚未进行会商。地方绅董,正在筹画〔划〕办理。

(四)公益

大通县系汉、回、番、土、蒙古杂处之地,风气闭塞,人民之企业知识甚为薄弱。本地之各种企业,如森林、畜牧、盐业、矿产、交流皮毛等项,可以藉手竞利者甚多,特以交通阻塞之障碍与人民知识之简陋,公共企业迄今尚无雏形。将来经营海藏,必先谋交通之便利,以导企业之先河,则公益发达,即不难一日千里矣。

(五)救恤

大通僻居西陲,地瘠民贫,筹款艰难,迄未设有平民习艺、感化、贫儿教养、恤嫠、育婴、济良等各事项。惟慈善一项,县城设有养济院一处,收留鳏寡孤独、盲哑残废之人,每年春、夏、秋三季,自行乞讨度活;至冬季寒冷,由官绅筹款助给。此外,有义塚三处:一系前清同治十三年,湘军果字营统领将弁创置,名曰"湖南义院";一系光绪年间,有四川贸易客民捐资公置,名曰"四川义院";一系本地绅民捐资自置,名曰"本地义塚"。此外并未设有栖流、借贷、救生各局所。

(六)选举

大通自奉文办理选举以来,已经举行五次,并未选出各项议员。

(七)卫生

大通县属并未设有专司医院,只有本地医士数人,如民间染疾,均皆自赴就医。其历年治疗人数、病症、区别等项,无从考查。

(八)保卫

大通县五区,每区设保卫团一处,每团委团总一名、团副一名、堡长六七名或七八名不等,于民国十一年成立,并未置有器械。各团经费,由各堡共同担任,亦无的款。本年呈明,将堡长一律取消,每公堡举村正一名、村副一名,由公正绅耆充任之。

(九)水利

大通县山多川少,除外川十堡引泉灌田外,沿大通河、黑林河、拨科河之地,均系山坡,不能引水灌田,只能傍河开沟,安置水磨,藉资周转。利用水利一项,为利甚小。

(十)社仓

查大通县原有捐储社粮仓斗青稞一千八百五十四石三斗八升七合二勺,义粮仓斗青稞一千七百二十三石三斗二升二合。于前清光绪二十二年,仓储不敷供支喇嘛衣单、口粮尽数,详请借动义、社粮仓斗青稞三千五百七十七石七斗九合二勺。嗣于光绪三十四年请准,在于番贡粮内提还义粮仓斗青稞一千七百二十三石三斗二升二合,社粮仓斗青稞六百九石九斗九升七合九勺三抄,其不敷之社粮一千二百四十四石三斗八升九合二勺七抄,彼时详明,俟下届番粮收有存数,再为提还。至提还存储义、社粮二千三百三十三石三斗一升九合九勺三抄,均储县仓,并未设立社仓地点。遵照定章,由公正绅士内遴选,今委社正、副二名,每年春间,会同县知事,酌量与各农民借给籽种,秋成后加息一分,如数收仓;其息粮以七成归公,三成开支社正、副斗级薪工口食。迄至今十余载,已收获各年七成归公息粮仓斗青稞一千二百七石四斗九升七合五勺。截至民国十四年年底止,现实储县仓义、社粮本息仓斗青稞三千五百四十石八斗一升七合四勺三抄。如数保存在仓,并无亏短情事。

三 实 业

(一)农业

农产物:小麦、青稞、豌豆、大豆、大麦、燕麦、大菜子、小菜子、洋芋、白菜、红萝卜、白萝卜、葫〔胡〕麻、芹菜、窝〔莴〕笋。

作物亩数:约共一万二千八百顷余。

每亩收获量:除蔬菜零星不计外,各种粮食每亩平均约收本地市升一斗一二升不等。

每亩平均地价:约五元之谱。

销路:多半本地自用,其余均赴西宁、湟源、青海番界等处。全年全县消费,平均以银计算,约略三百余万两。

输出概况:除额征款外,每年出外小麦、青稞、豌豆等类粮食六七千石,菜子一千石之谱,青油四五万斤。

农会:地址设在本城内关岳庙。民国十二年六月十一日设立,职员十六名,会长田秉华。

农事试验场:在于本城东关文庙旧地址,面积约十亩。民国七年五月设立,由县署管理。

(二)工业

查本地虽有铁、木、石、画各匠工,做造零星日用之器具,以供民用,并无设有工厂,亦无资本之设置,并无出入之来源。无从列造。

(三)商业

大通县设立商会一处,设会长一员,会董八员,民国二年八月成立,其地点在本城西关山陕会馆内,经费自行筹备。县属城乡约有五六十家商铺,均系小本杂货生理,并无特别殷实富商。其经理人多半是山西客民,其姓名、年甲不一,难以具名。

(四)矿业

煤矿一处,资本未详,每月约产煤一百万斤。经营年月,系大明时代由本地回、汉合股开采,品质极佳,不用透风炉即能燃。除本地销售外,多运往西宁、湟源、碾伯各处,每月约输出煤八十万万斤(疑误,应为八十万斤——编者注)。煤矿在县城东南三十五里樵渔堡地方,面积五亩三分,共开煤井一十二个。向来因有汉六、回六之成议,不肯分开。

金矿二处,一在县城西北野牛沟地方,名曰"上厂";一在县城东南镇羌滩地方,接平番县境,名曰"下厂"。自前清时代由本地绅民合股采挖,由县经管。至光绪三十三年奉文划归西宁镇署经管。以后其面积大小、产金多寡,无从考查。

（五）公司

大通为边境极僻之地,并未设有各种公司。

（六）盐产

大通并无产盐之区,民间食盐均由青海运来者,归产盐局经管,县署并无与闻。

（七）林业

县城东北林区一处,名曰"鹞子沟山",在东峡兴隆堡地方。面积、数量难以预定,系松林,由寺僧派人自行保护。历年销售本地及西宁各处,系广惠寺敏珠佛呼图克图管有世守,历有年所。

（八）畜牧

大通地方向无牧场,其番民畜牧,有马、牛、羊三种,数量、价格殊难查考。惟番民游牧,并无一定地方,随草地肥瘠,或在内地牧畜,然一到秋季,仍到青海番界插帐。

（九）屯垦

大通地方荒地无多,现奉令正在调查期间。

（十）特产

矿物:有沙金、石煤二种。

植物:有松、杨、柳、枫各种,并无特别者。

动物:除狼、豹、熊、鹿、马、牛、羊外,而獐、麝、猞猁,尚属特产。

人工制造物：仅有毛褐口袋。

输出货物：大宗为羊毛、牛、马、羔皮、青油，其次为鹿茸、麝香。各物多数运往天津、上海、兰州等处，价格无从查考。

(十一)渔业

大通向无渔业。

四　财　政

(一)粮赋

大通县额征屯科正项仓斗粮一千七百八十五石五斗六升一合，每石随收耗羡粮一斗五升，共征耗羡仓斗粮二百六十七石八斗三升四合二勺，番贡正粮四千一百五十八石八合五勺。因各年本折价格不一，每年奉到财政厅指令布告，遵照征收，暂照额征本色，每屯科正粮一石，附收斛面五升，浮收五升，土粮八升，共附收盈余仓斗粮三百二十一石四斗一合；每番贡正粮一石，附收斛面五斤，土粮一斗，验粮一升，共附收盈余仓斗粮六百六十五石二斗八升一合四勺。民国十三、十四等年，并无蠲缓，照额通完。此外，遵照新定章程，每屯番正粮一石，附加百分之五征收经费粮五升。向例，每年阴历八九月间开征，至年终征齐，按月呈报，如数存储县仓，妥为保管。次年，或奉文拨饷，或奉委员监粜报解,均经年清年款,并无存储、霉变情事。

(二)税收

大通货物税及烟酒、牲畜、皮毛各税,均系商民由总管局包办,县署无案可查。当商两家,每年各纳税洋五十六元;斗行两家,偏僻一家纳税洋四元,繁盛一家纳税洋一十六元;烧锅行两家,每年各纳税洋四元;皮毛秤行一家,年纳税洋一十二元;煤税年纳洋六元。印花税每年由商号售销,票价洋六百元。磨课,向征山水磨每盘征银二钱五分,旱水磨每盘征银一钱五厘,全年约征银九十一两九钱余,至民国四年换领新帖后,每山水磨一盘征洋二元,旱水磨一盘征洋一元,共计征收磨税洋七百四十元。契税一项,每年增减不一,民国十四年分实征洋三百六十二元一角九分五厘。全县每年共计约征各税洋一千八百六十四元余,比较前清增加十分之四。

(三)杂收

大通县向征藉〔籍〕田仓斗青稞四石四斗一升。于前清同治十年乱后,由农政司名下改征银三两一钱六分二厘。又向征番贡马价银一百七十三两六钱。因同治十年乱后,番民逃亡,无力完纳,详准减半征收在案。此两项照旧征收,并无更改。至契纸费,每年填用多寡不一,民国十四年,实填用典卖契纸五百二十七张,每张售洋五角,共计洋二百六十三元。

(四)机关

大通统捐征收局　开办自光绪年间，由西宁总局派员办理。现在办理者为马永昌，地址在县城西关。比较银二千零四十两，每月按收数提支一八成经费，共收入总数无从考查。

大通盐务收税局　民国八年一月一日设立，由省城总局委办。现在收税员王赞鸿。全年经费洋一千五百元。

大通县禁烟善后分所　自民国成立，禁绝烟苗，设立善后分所，迄今有十四年矣，均由总公所委员承办。自民国十五年四月一日奉文，由县知事兼办。因县属地方偏僻，烟苗早已禁绝，查验贩卖存土无几，每月只收售药包费洋一百四十元。照章应提一成经费外，全数批解总公所，均按月呈报，有案可查。

牲畜、皮毛、酒各征收机关，均系分卡。收入款项，均是全收全解。司事诸人，向来并无定额，大约以旺月、空月为比例，旺月则多派人，空月则少派人，调动频仍，自由增减。职县固无从考查，即各该卡亦不自了解，理合声明。

(五)岁出、岁入

查职县岁入、岁出，虽规定额数，近以军兴事多，岁入既不时增收，岁出又多供军用，每年出入实无从详细记载，理合从缺，谨此声明。

五 教 育

(一)成绩

地方教育行政,由教育局同县知事督促进行,并由县视学随时视察指导。全县共分为六学区,每区设学务委员一人,承教育局指挥办理本区教育。各堡初级小学校,由县署委学董四人,办理本堡学校事宜。只有高、初两级小学校,并无中等及中等以上之各学校。高级小学校共二处,初级小学校共四十处,女子小学校一处,蒙番小学校一处,平民学校二处。社会教育,有阅报所一处,讲演所二处,阅书室一处。并委讲演员二员,在城市各乡村分任讲演。

(二)学校

大通县立第一高级小学校,在县城西关。面积约四百方丈,常年经费六百六十五元。学生二十七名,平均年龄在十二岁以上。校址原系泰兴书院,民国元年改为学校。

县立第二高级小学校,在新城。面积约五百方丈,经费二百六十五元。学生四十名,平均年龄在八岁以上。

女子小学校,民国九年开办,前后共办两班。因经费无着,遂致停闭。

蒙番学校,在北大通那楞庄。面积约四百方丈。学生二十七名,平均年龄在八岁以上。系由大通九寺五族番僧共同办理。

平民学校二处,一设新城西关,一设本城文庙。经费由县署筹发。

初级小学校共四十处,按学区次第列下:

第一区:

第一初级小学校,在竜曲庄。面积约二百六十方丈,经费三十五元。学生四十名。平均年龄在九岁以上。该校能收容学生五十名。

第二初级小学校,在极拉庄。面积约三百方丈,经费五十元。学生六十名,平均年龄在十二岁以上。该校能收容学生一百名。

第三初级小学校,在大业坝庄。面积约三百方丈,经费四十元。学生三十五名,平均年龄在十岁以上。该校能收容学生六十名。

第四初级小学校,在治泉庄。面积约三百方丈,经费五十元。学生三十四名,平均年龄在十岁以上。该校能收容学生六十名。

第五初级小学校,在閤门庄。面积约二百七十方丈,经费四十元。学生二十名,平均年龄在九岁以上。该校能收容学生四十名。

第二区：

第一初级小学校，在古娄山。面积约三百方丈，经费五十元。学生五十名，平均年龄在十岁以上。该校能收容学生六十名。

第二初级小学校，在新庄堡。面积约三百四十方丈，经费四十元。学生十四名，平均年龄在十三岁以上。该校能收容学生三十名。

第三初级小学校，在塔尔湾。面积约三百四十方丈，经费四十元。学生三十一名，平均年龄在九岁以上。该校能收容学生四十名。

第四初级小学校，在旧庄堡。面积约二百六十方丈，经费三十元。学生二十名，平均年龄在九岁以上。该校能收容学生三十名。

第三区：

第一初级小学校，在蓝家庄。面积约二百四十方丈，经费五十元。学生三十名，平均年龄在九岁以上。该校能收容学生五十名。

第二初级小学校，在何拉庄。面积约二百四十方丈，经费四十元。学生二十名，平均年龄在十岁以上。该校能收容学生四十名。

第三初级小学校，在冲儿庄。面积约三百六十方丈，经费五十元。学生二十七名,平均年龄在九岁以上。该校能收容学生一百名。

第四初级小学校,在扎什拉沟。面积约三百四十方丈,经费四十元。学生三十二名,平均年龄在十岁以上。该校能收容学生八十名。

第五初级小学校,在黑岭阳山庄。面积约二百三十方丈,经费三十五元。学生十九名,平均年龄在十二岁以上。该校能收容学生五十名。

第六初级小学校,在马厂庄。面积约三百四十方丈,经费五十元。学生三十五名,平均年龄在十岁以上。该校能收容学生八十名。

第四区:

第一初级小学校,在新城。面积约三百方丈,经费五十元。学生四十名,平均年龄在九岁以上。该校能收容学生一百名。

第二初级小学校,在庙沟庄。面积约二百四十方丈,经费四十元。学生三十六名,平均年龄在十岁以上。该校能收容学生七十名。

第三初级小学校,在古城庄。面积约三百方丈,经费四十元。学生三十一名,平均年龄在十一岁以上。该校能收容学生五十名。

第四初级小学校,在黄家寨。面积约二百六十方丈,经费五十元。学生四十三名,平均年龄在十岁以上。该校能收容学生八十名。

第五初级小学校,在杨家寨。面积约三百方丈,经费三十五元。学生三十七名,平均年龄在十岁以上。该校能收容学八十名。

第六初级小学校,在毛家寨。面积约三百二十方丈,经费五十元。学生五十名,平均年龄在十一岁以上。该校能收容学生八十名。

第七初级小学校,在新添堡。面积约二百方丈,经费四十元。学生十九名,平均年龄在十二岁以上。该校能收容学生五十名。

第八初级小学校,在石山堡。面积约三百八十方丈,经费五十元。学生三十三名,平均年龄在十岁以上。该校能收容学生八十名。

第九初级小学校,在柴家堡。面积约二百四十方丈,经费四十元。学生四十二名,平均年龄在十岁以上。该校能收容学生七十名。

第十初级小学校,在东流堡。面积约二百方丈,经费四十元。学生三十六名,平均年龄在十一岁以上。该校能收容学生七十名。

第五区：

第一初级小学校，在大通庄。面积约三百方丈，经费四十元。学生五十名，平均年龄在十岁以上。该校能收容学生八十名。

第二初级小学校，在李家堡。面积约二百一十方丈，经费三十元。学生四十名，平均年龄在九岁以上。该校能收容学生七十名。

第三初级小学校，在油坊庄。面积约二百二十方丈，经费四十五元。学生二十七名，平均年龄在十岁以上。该校能收容学生六十名。

第四初级小学校，在鸾沟庄。面积约二百二十方丈，经费五十元。学生四十七名，平均年龄在十岁以上。该校能收容学生七十名。

第五初级小学校，在衙门庄。面积约三百二十方丈，经费四十元。学生三十九名，平均年龄在九岁以上。该校能收容学生七十名。

第六初级小学校，在克麻大庄。面积约二百八十方丈，经费五十元。学生四十三名，平均年龄在九岁以上。该校能收容学生七十名。

第七初级小学校，在大老虎沟。面积约三百五十方丈，经费四十五元。学生二十八名，平均年龄在十岁以上。该校能收容学生一百名。

第八初级小学校,在古边庄。面积约二百三十方丈,经费四十元。学生三十一名,平均年龄在十岁以上。该校能收容学生六十名。

第六区:

第一初级小学校,在北大通城。面积约四百方丈,经费五十元。学生六十名,平均年龄在十岁以上。该校能收容学生二百名。

第二初级小学校,在麻连沟。面积约五百方丈,经费七十元。学生六十五名,平均年龄在十岁以上。该校能收容学生二百名。

第三初级小学校,在孔家堡。面积约二百五十方丈,经费四十元。学生四十名,平均年龄在十一岁以上。该校能收容学生六十名。

(三)学童

就学儿童共二千一百二十名,已达学龄之失学儿童约三千六百有余。救济失学办法:第一,在推广平民学校;第二,调查贫儿之不能购书者,由公家备置;第三,施行强迫教育。

(四)机关

大通县教育局,由劝学所改组,民国十五年八月成立。

经费,原有劝学所基金大钱三百串外,实无它项收入。本年十月,由县知事拨归青油秤行,作教育局经费,每年可收大洋五六百元。局长祁绍仁,系甘肃省立第四师范学校本科毕业。局址在县内。

(五)经费

全年全县教育经费,共收九百八十八元,共支九百一十元。除由基金生息银钱及房地租租钱共收合大洋六百八十元,又由县署年支煤税大钱三百串,由皮毛附加税及皮毛秤行每年约收大洋一百元,除教育局年支大洋五十元外,余均作县立第一、二高级小学校经费。管理机关尚未另行组织。除基金由教育局经管,房地租由各校自行管理外,惟皮毛附加税另委经理员与教育局共同管理。该经理员李霖,系前清贡生。

(六)私塾

共七处,在古娄堡、祁家堡、多洛堡、逊让堡、余三处在城内。学童共二百七十余名,年龄在九岁以上,十七岁以下。学费由东家奉送,并无标准。师长多系前清童生,程度约与初级小学二年生相等。设立年月,颇难记载。因停办无常,招收不时,故无设立年月可言。本年经县知事传齐训话,令其酌加修身、国文、珠算等等,并注重讲解,现已渐次改良矣。

(七)留学

大通向来无出洋留学之学生。

六 司 法

(一)法署

大通县署,于民国二年组织,县知事一员,兼理司法事务。署内六房,改为第一、第二两科,共计雇员二十四名,请领工食,以资办公。三班差役,改为看守役、承发吏。民国十五年奉令组织,将县署大堂改为法庭,略具规模。司法公署尚未成立也。

(二)监狱

大通监狱,于民国三年修建。于县署西偏分为两院。内院共房二十七间,内监房二十四间,内新装围板二间,分安道门八合,外各钉小木横牌一块,以"见善思迁、知过必改"八字为号。房脊瞭望楼一座,炕板门窗俱全。总监门一道。外院共房一十四间,内管狱员衙署六间,头门一道,上写"大通监狱"四字。内外房舍均新饰明亮,禁卒扫除清洁,无碍卫生。管狱员一员,兼教诲士,禁卒四名。监犯一名,每日支仓斗囚粮八合三勺,盐菜银五厘。查监狱作品,因监犯无多,筹款短绌,未能设备工厂,随便辫带、织袜,微作手工,一年所得,价值寥寥无几。每日教诲开导,监犯尚有规过迁善之心,并无越监情形。

(三)看守所

署内原有东西班房两处,民国十三年改为看守所。惟地址狭小,有害卫生,于十五年在县署旧有马王庙空地另行修筑,尚未竣工。现时并无罪名、刑名人犯,看守所内故无羁押人犯。

(四)经费

监狱经费:管狱员一员,每月额定俸费洋二十四元,全年共计洋二百八十八元;检验吏一名,每月额定洋八元,全年共支洋九十六元;看守所工人四名,每名每月支工食银五钱,共支银二十四两,除核减外,全年支给库平银一十五两七钱九分二厘,以折合洋二十三元六角八分八厘。监犯盐、菜、囚粮数目,难以预定。

收入实数:由财政厅请领银洋四百零七元六角八分八厘。

支出实数:由县知事开支银洋四百零七元六角八分八厘。

七 交 通

(一)道路

干路:由北而南,自大寒山根之流水沟起,经东峡,出峡口至新城,计六十里;又南二十里,至西宁县属之长宁堡;又由峡口北行,至县城三十里;又西北六十里至草达坂根;再西北,则至青海蒙、番各牧地。

支路:由东峡口大通庄东行二十里,出鸾沟,至却藏寺,与西宁县属之威远堡毗连;再折而西北,经丰稔堡、大小老虎口、多隆堡,计三十里至广惠寺;经过干路西行,经元墩堡、旧庄堡、新庄堡,计四十里至县城;再西南行四十里,至西宁、湟源两县之界。所有支、干各路,均通行车马,无甚阻碍。

(二)河流

大通河　由西北永安城入境,至碾伯出境,入享堂河,经过县境二百余里,水势甚急,不能行舟。最深处一丈余,最浅处四五尺。

拨科河　由西北入境,至西宁县长宁堡出境,经过县境一百五十里。

黑林河　由黑林口入境,至雪沟堡,汇入拨科河,经过县境四十里。

东峡河　由东北大寒山发源,至峡口,汇入拨科河,经过县境六十里。

(三)桥梁

峡门桥按,又名喇嘛桥、东峡桥、普济桥,皆系木桥,皆土石建筑而成,由地方官绅同力合作,并无的款。

(四)邮电

邮政局二所,一在县城内,一在北大通城内。每三日通行一班。无电报、电话,各局亦未设置无线电台。

(五)运输

大通界近青海丛山之中,交通甚感沮滞,虽车马勉强可行,而冬季冱寒,道路难行。惟有骆驼、脚骡,尚可藉以运输,聊通商旅。倘有军旅之役,辇粟飞刍,供应要需,春、夏、秋三季尚可支持,冬季则无法敏速已。

八 外 交

(一)侨民

大通县属境内,除各天主堂、福音堂传教之神甫、牧师,往来无定期,人数无定额外,并无其他经商营业、长久侨居之外国人。

(二)侨产

无。

大通县知事聂守仁纂

民国十五年十二月

青海省大通县风土调查概况

一　关于疆域沿革

设县年月　名称变更　辖境损益
四至境界　纵横里数　区村镇堡

　　大通县,设于清代乾隆二十六年,一直到今日,在名称上没有什么变更。去年,将原属的红山堡奉令划归门源,至今再没有增减。县属四界:东至丰稔堡,与西宁的巴托堡为界;西至西宁的上五庄为界;南至杨家寨,接西宁的长宁堡界;北至达坂山,与门源县界。纵横里数:据调查所得,纵约一百二十里,横约九十里。全县分为四区:东区的祁家、古娄、峡门、新庄、旧庄、凉州、河州、向阳八堡,共有六十三村;西区的多洛、阳化、逊让、伯胜、极乐、雪沟、良教、樵渔八堡,共有七十三村;南区的庙沟、永安、柴家、平路、东流、黄家、杨家、新添、石山、毛贺十堡,共有二十五村;北区的丰稔、多隆、李家、阿家、兴隆、元墩六堡,共有五十五村。

二 关于种族户口

民族种数类　各族住地
各族户口数目　全县户口统计

大通民族的种类正是复杂的，很详细地考察起来，共有四种：一、汉族，二、回族，三、土人，四、家西番。其中汉人居多数，回人次之，土人、家西番不过只有十分之二。据昨年自治筹备处的调查，西区的多洛、阳化、逊让三堡人口共有七千零四十五人，其中汉人只有一千三百多人，其余五千多人尽是土人；北区的元墩、丰稔、兴隆、阿家、多隆五堡人口共一万二千七百九十人，内有家西番四千七百六十多人。至于回人住居，西区的极乐、良教二堡，东区的河州、凉州、新庄、旧庄四堡，南区的石山堡，纯粹是回民住地，还有雪沟、樵渔、古娄、硖门、柴家、伯胜、元墩各堡，他们的人口也占不少的。总计大通回民共有二万三千多人，土人有五千多人，家西番(有)四千七百多人，汉人有三万八千八百多人，合计大通人口共有七万一千五百零八人。

三 关于宗教风俗

(一)教堂、寺院名称及变迁

大通地方,向来多有庙宇,什么关帝庙、雷祖殿、娘娘祠,并没有特别教堂。最近有些人受着西人的宣传,有的信耶苏〔稣〕教,有的敬天主教,而足然立起教堂者,已有四五处,如县府的新添堡、陶家寨,建立天主堂;向阳堡、丰稔堡,建立福音堂,两堂的信徒也不少啦。至于番民,多奉佛教,处处都有寺院,如北区的广惠寺、却藏寺,每至三、六两月,便有晒佛大会,扮演跳舞,真热闹得很,尤其在阴历正月十五日晚,摆列酥油花灯,精妙新鲜,宛如生气,这也是他们僧人的特别技能了;其余还有东区的祁家寺、张家寺、逊布寺,西区的平安寺、铁佛寺,均是小寺院,除念经外,没有别的事作。

(二)宗教种类、派别

大通因为民族很是复杂,所以宗教的信仰也不一致,有的信佛教,有的信道教,有的信回教,还有最近信天主、耶苏〔稣〕教的。我们把信教的人分别一下就知道,汉人多信儒教、道教,家西番、土人多信佛,回人只信回教。可是宗教观念最牢的只有回人,其余汉人、家西番、土人信仰宗教的心多不一致,因之团结力也不巩固。

(三)婚姻

大通因人民的复杂,所以结婚时的礼也不一致。汉人完婚的时候,婆家先一天预备马车到新娘家,然后新娘穿上红衣,挽着发髻,送到婆家,和新郎一同进行交饮杯酒,成立夫妇。可是番子、土人不是这样,他们完婚的时候,婆家请许多亲戚朋友骑上快马,迎接新娘,两方相逢,这边新娘便纵马夺抢婆家帽子,以作饮宴的礼,并且饮宴时,新郎、新娘会同亲朋,在院中跳舞、唱歌,以表示他们完婚时的快乐,这都是仿照蒙(古)人的礼节。至于结婚的年龄,回族比较早一点,他们女子长到十三岁就可以结婚,汉人、番子的女子,非长到十五以上是不能结婚的。

(四)丧葬

丧葬的礼节,各族更不一样,有天、木、土、火四大葬。家西番(实行)天葬。汉人一死之后,便用棺椁以葬尸体,并邀请道士超度灵魂,这叫做"木葬"。回民在临死的时候,必定先要清水遍洗身体按,据言濯水后易登天堂,然后用白布缠裹尸体,埋于土坑,这叫做"土葬"。土人一死之后,将尸体背到山窑里,用干柴焚化尸体,叫做"火葬"。

(五)服饰用品

大通出产羊皮,所以穿褐衣者颇多。但各族男人服装大致一样,惟女人们在服装上各有分别:如回族女人爱穿红、绿衣服;番子女人爱带〔戴〕银牌;土人女子爱穿大袖衣服,袖口上镶红、黄、兰、白等杂色布条;汉人女子服装最近有点改良,多爱淡装,不穿色布,不粘辫条,这也是人人群化的现象。

四　关于人情习惯

性质职业　生活嗜好　饮食居处

大通人民的性质多属温柔而忠实,惟回民有点不同,多系刚强而勇敢。因各族性质的不同,所以职业也不一样。汉人、土人、家西番的职业大致不错,多爱在家务农,不愿出外做事;而回人在家务农者很少,有的在阿尔泰山一带挖金子,有的在别处做小生意,均有吃苦耐劳的心、跋山涉水的力。至于嗜好,更不一样。汉人爱吸烟,番子、土人爱喝酒,回人爱吃肉。可是回人对于卫生方面有点讲究,因他们受着宗教的关系,日日沐浴,朝朝念经,不吸烟,不喝酒,所以他们的身体很是强壮。最不讲究卫生者是家西番和土人,他们穿的衣服多是油晶晶的,直到穿破,不洗一水;屋里边的什物放得乱七八糟,不善整理,还有许多人现在还留着发辫。

五　关于山川气候

山川名称　山脉形势　森林矿苗　川流方向

大通北有达坂山，是祁连山的支脉，由玉门关入，直入甘凉，绵亘千里，山南一支行绕青海，纵立大通、门源之间，是为达坂山按，一名大寒山，岗岭起伏，形如蛟龙。大通的水亦随该山而出，分为两条。南曰拔科河，北曰门源河。拔科河发源青海省边塞，自西而东，绕县城东北至下毛伯胜汇黑林河按，黑林河出县城之北，向南流至元朔山根，会东峡河按，东峡河出于达坂山南瓜拉峡，是为"三川"，向南流经西宁北川而入于湟水。

西有金蛾山脉，出昆仑，折入内地，环绕县境西部，形如蝴蝶，故名曰"金娥〔蛾〕"。危峰挂日，奇石撑云，是大通八景之一，每至夏日，则土人游玩者络绎不绝。

东有蓝却山，是达坂山支脉，横立东部，形如维屏，山峰特高，上面积雪四时不消。中有元朔山，纵立内地，怪石嵯峨，林木丛生，山巅寺院不可胜计，每至六月六日，即有朝山大会，四方来游者不知有几万人，至于大通森林，松、杨居多，河旁一带多植杨树，各寺院栽松树，惟广惠寺的松林为全县之冠。至于矿苗，大通煤矿是青海省唯一的出品，而金银各矿亦属不少，惜货藏于地，无人开采耳。

六　关于古迹名胜

碑碣坊表　陵墓壁垒　名山大川　岩洞矶石

大通本是西戎住地,是一片文化落后的地方,没有什么古迹名胜可言,要考察断碑残碣亦属寥寥无几,并是年代久远,字迹模糊,没有方法来考察。不过现在将尚在之碑碣记述一下:县属的东区闇门坡有湟右古碑一座;县城东门外的古书院里边有泰兴古碑一座;县城西五里有武胜古碑一座;此外还有县属新城之北有二丈多长的石柱一根,是乾隆年间(此处年代有误,似应为"明万历年间"人——编者注)所立,有监司龙膺所题"海藏"二字,现在还能认清字迹。至于坊表,只有县城向东十里古牌坊,不知建立何代,字迹失落,无从考查;再县属南区新城有一牌坊,名曰"文峰牌"。其余忠孝贞节等坊表,多遭兵燹,实属所憾。

陵墓、壁垒,尚有成绩,如县属柴家堡有一柴坟,是柴总兵柴国柱的古墓,相传明时沈阳虎墩儿扰边,国柱镇守有功,后告朝归里,殁葬此地。坟上有石人、石马、石羊、石牌楼等,很是壮观,但后嗣无人,坟上石物破坏不堪。再壁垒一项,如北区流水口的三角城,东区古楼堡的杨家城,均是宋朝时候建筑的,相传这个城里边是宋代杨家名将驻扎过的,现在的城基还见着呢。

名山,北有达坂山,西有金娥〔蛾〕山,东有蓝却山,中有元朔山。至于大川,有拔科河、黑林河、东峡河,均是大通最大的水,其余小支,多如乱麻,不胜记载。

至于岩洞,惟元朔山最多,如老虎洞按,一名"慈藏"、观音洞、朝阳洞、茅机洞、文昌洞等均是本山有名的洞府。而于矶石,有元朔山顶的狮子石,形如悬胆,游见之者皆有心怯之说。还有北区平顶山的上面,有一个古石镜,园〔圆〕如明月澈如镜,居民都视为宝物。

七　关于政治实业

(一)警卫

大通的警卫机关就是公安局,局里边有局长一人、巡官一人、警兵三十名,有毛瑟枪十余支按,不能用者居多数、大刀十余把,官兵对于职务上很是负责的。此外是保甲,自昨年在各乡都成立了。

(二)自治

自治一项,原先设有机关,自建设局改组以后,并入该局,自治工作还是按部就班,一步一步去做,没有懈怠。

(三)道路

山路居多,平路较少。山路很陡,不便通行大车,只可骑马或步行。惟有自县城到西宁的大路,稍加修理,即可通行汽车。

(四)水利

大通地处高原,土质潮湿,则山脑一带,亦无开沟浇水的必要。而南区一带,地质较为干燥,农民凿渠灌田者亦属不少。可是水虽不浇田,而多利用推磨,调查全县水磨,不下数百盘,这都是靠水的水量来转动的。

(五)公益

大通处于西边,交通方面很不便利,虽然有森林、牧场、盐业、矿产、皮毛等物,因销路不广,所以公益事业也不振兴,这也是很可惜的一点。

(六)卫生

大通因气候寒冷,人民对于卫生方面太不讲究,如像乡间,一般老百姓们整年的不洗面孔,脸上多是黑油油者;所穿的衣服无长衫,短褂直到穿破,不加一水;屋子里边也是乱七八糟,甚至和牛马同居,这不卫生极了。可是一般流疫病魔也很安顺的,没有出现什么手段,这也是病魔很怕太阳热光的缘故罢。

(七)赋税、杂粮

大通按照额定,每年征收屯科正项仓斗粮一千七百八十五石五斗六升一合,每石随收耗羡粮一斗五升,共收耗羡仓斗粮二百六十七石八斗三升四合三勺,番贡正粮四千一百五十八石八合五勺。因各年本折价格不一,每年奉到财厅指令,遵照征收,暂照额征本色,每屯科正粮一石,附收斛面五升,浮收五升,土粮八升,共附收盈余仓斗粮三百二十一石四斗一合;每番贡正粮一石,附收斛面五升,土粮一斗,验粮一升,共附收盈余仓斗粮六百六十五石二斗八升一合四勺。早经呈报化私为公,如数解送财厅,照例每年的阴历八九月间开征,至年终征齐。至于税收,有粮、茶、皮毛、盐税、烟、酒、油、秤、水磨等项,除粮、茶、皮毛、盐税、烟、酒税收均由总局包办不计外,其余油、秤、当商、烧锅、水磨等税收,每年总计洋一千八百六十四元一角九分五厘。可是,现在当行、烧锅均受兵款影响,所以每年税收也不得一定确数。

(八)司法

大通司法,向来由县府兼理,没有设过专管司法机关。

(九)教育

大通教育,原有高级小学两处,初级小学四十二处,今年添设女校一处、促进小学一处、中山小学一处,而乡间又添设初级小学四处,教育气象日见起色。

(十)工

大通没有大规模的工厂,还是靠手工业来维持生活。

现在积极筹办民生工厂,一面收容无业游民,一面改进手工业。

(十一)商

大通商业不很发达,居市贸易的只有十几家,多半挑负乡间自行销售。

(十二)农

农事,对于耕耨、收获,还是用的古法,不知用机器进行生产。然而终岁所得,可以够吃够用。

(十三)矿

大通原有金属矿几处,去年划归门源县了,现在只有樵渔煤矿,足供省城内的燃料。但开凿无方,所以出产也不多。将来若用机力来取,可供全青之用。

(十四)畜牧

大通山边一带,多是荒草没人,所以人民收集多数的牛羊马匹而来坐圈者实在不少。

(十五)屯垦

境内原多荒地,只因近来人口增加,生殖日繁,在生活方面颇感困难,所以人民近来多谋开垦荒地,最近开凿的地方很多的了。

民国二十一年　　月

互助县风土调查记

一 关于疆域沿革

互助县原为西宁之一部分,其县治旧称威远堡,前清设有都司常驻防守,民国十九年八月八日始成立为县。所有辖境:东至花园寺,与乐都县分界;西至景阳川,南至湟流大河,皆与西宁县分界;北至北山后邯郸寺,与门源县分界。纵横约一百一十余里。全县分为四区:第一区内大小约有二十余庄堡,划为二十二乡;第二区内大小约有二十余庄堡,划为二十一乡;第三区内大小约有二十余庄堡,划为二十乡;第四区内大小约有二十余庄堡,划为一十九乡。此互助县之疆域新定,原无沿革可沿,一切大概情形也。

二 关于种族户口

互助县辖境以内民族计有汉、土、番、回四种。如第一区内之什字庄,第三区内之山庄、邵家沟、甘沟门、中岭、刚冲,俱住回民。又如第一区内之塘巴堡、朵思代、白咀堡,俱住土民;其余各庄堡,皆系汉民居住。再如第二区内之老幼庄以上、佑宁寺以下及斜吉崖、华林、梭布滩,第四区内之那家、东沟一带,土民居十之八九,汉民居十之一二。第二区内之二加定、白马寺、松朵寺,第四区内之北山后邯郸寺等处,均系番民,其余皆系汉民堡寨。第三区内除居住回民数庄外,其余均系汉民庄堡。分而言之,四区之中,汉民共有八万三千六百四十人,土民七千六百三十九人,番民一千六百二十一人,回民一千八百一人。统而计之,全县辖境以内共有一万三千九百五十七户。此互助县种族、户口之大概情形也。

三 关于宗教风俗

互助县辖境之中,第一区内之甘家堡及县东关有天主堂各一处,余则如第二、第三、第四各区内别无其他教堂、寺院之名称。第二区佑宁寺系一大寺院,其余如花园寺、白马寺、馒头寺;第一区之碟尔寺;第四区内之松树湾寺、倬隆寺、邯郸寺,皆为小小寺院,由来亦无甚变迁。各寺院与土民、番民大都尊信释伽〔迦〕佛教,汉民尊仰孔教,种类各异。至于结婚,无论汉、土、番、回,行聘嫁娶大约皆同。丧葬一节，汉民人殁以后，讽经祭奠，具有衣衾棺椁，而土葬之；土民、番民请喇嘛或本布念番经，超荐毕，用柴火焚化其尸，名曰"火葬"；而番族之中有弃尸于高山荒野之间，使飞禽啄而食之，名曰"天葬"；回民先用清水洗其尸后，以白布裹之，挖穴掩埋，名曰"土葬"。服饰，则布、褐、洋斜、长袍、短褂。用品，则无甚奇巧之物，除铁铜器具而外，大半皆系瓦缶。此互助县宗教风俗之大概情形也。

四　关于人情习惯

互助县之人民性质大半朴诚，业农者居其多数，间有为士、为商、为工者不过少数之人，故生活全赖耕凿。嗜好，只有烟酒。饮食，则麦、豆、青稞各面，杂以猪、羊、牛肉及各种菜蔬。居处，外筑墙垣，内修房屋，并无雕栋画梁之壮观，亦足以蔽风避雨之安居。此互助县人情习惯之大概情形也。

五　关于山川气候

互助县辖境内之山川，县城东北四十里有老龙王山，形势雄壮，峰高入云，故第一、第四两区东山，第二区两川之山,其脉皆自老龙王山而来,洵为互助全县之主山。县城西北二十里有平顶山,形如纱帽,峰头平阔,因称为名。西连五峰山,山形耸翠,四时云护,树木荫翳,飞鸟齐鸣,堪称为青海名胜之区。故第一区之西山、第三区之东山,其脉皆自平顶(山)、五峰山而来。第三区北川之元朔山、西北之娘娘山,皆在大通县辖境以内,姑不足论。至于森林,计第四区内之松树湾寺、偪隆寺、北山后邯郸寺等处及第二区内之松朵一带,松青柏秀,历冬夏而苍茫。居民赖之材木,不可胜用。矿苗,则靠北大山等处,伪传相闻,数十年来并未实行开采。川流方向,第一、二、三、四区四川,皆自北而向南,惟全县地方鄙近山脑,山高地凉,气候不甚温暖。此互助县山川气候之大概情形也。

六 关于古迹名胜

互助县辖境之内无甚碑碣而言。坊表,则旧日威远堡城内有旌表赵氏之节孝坊一,原与城中心古楼东西对峙,古楼则今定名为中心楼,赵氏之节坊已经坍塌折毁矣。

陵墓一节,第四区内之八元台牛头山根有祁土司之祖墓,东沟山头有李土司之祖墓,石碑森立,至今不没,余则无足可称者。若论壁垒,四大川之内实属寥寥。

至于名山,则第三区内之五峰寺,五峰并列,高峙云际,庙貌辉煌,森林丛杂,又有澄华泉,冬夏常清,游赏之人络绎不绝,诚所谓湟中八景之一、互助名胜之地。

岩洞,第一区下川之龙头崖,形势高险,古洞若星。

矾石,则全县之中未尝见闻。

此互助县古迹名胜之大概情形也。

七 关于政治实业

互助县之警卫,县城之内设有公安局,第二区内之张其寨设立警察分驻所。自治,已分为四区,乡镇及间邻各长已选举加委,凡一切应办事宜,正在积极进行中。道路,如第一区之汽车路、东至第二区之大车路、西至第三区之大车路,(民国)十九年九、十等月均已修通,兹又改良宽坦,以利交通。赋税,则全县之屯番各粮五千六百余石,杂粮除小麦、大豆、青稞、菜籽、燕麦而外,别无其他种植。司法,已由西宁设立西互地方法院受理。教育,设有专局。工业,全县内计有泥、木各工三百余,均系待雇于人者。县城内除有烧房五家外,又有小商二十余家,出售零用小品而已。此互助县政治实业之大概情形也。

乐都县风土概况调查录大纲

一　关于疆域沿革

(一)设县年月　名称变更

乐都,古湟中地。汉神爵二年置破羌县,属金城郡。魏因之。晋废,为乐都郡地。后魏孝昌二年改曰西都县,后废,属鄯州。周复属乐都郡。隋开皇十八年置县,曰湟水,又曰邈川,属西平郡。唐复改,属鄯州。宝应初陷吐蕃,宋元符初收复,置湟州。宣和元年改为乐州。明初立碾伯卫,洪武十九年移卫于西宁州,碾伯为右所。清初仍设所,雍正三年置碾伯县,属西宁府。民国十八年,沿古地名改乐都县焉。

(二)辖境损益　四至境界　纵横里数

县城在青海省(城)东北一百二十华里,东至凉州永登县界一百二十里,西至羊其堡西宁县界四十五里,南至雪山根五十里达巴燕界,北至胜番族沟脑仓家番族界五十里达互助县,东南至甘池峡门八十五里达民和县界,西南至高店沟脑雪山根八十里达西宁县界,东北至冰沟山写尔定番界一百五十里达永登县界。

(三)区村镇堡

全县划分三区,内附乡镇六十三,喇嘛寺院十一处。

二 关于种族户口

(一)民族种类

乐都民族四种,曰汉、曰土、曰番、曰回。

(二)各族住地

汉族居多数山川,各乡镇均有住址地,番、土族则杂居山脑之区,惟回民仅于治城东关附郭一带。

(三)各族户口数目

汉族户数八千六百二十七户,口数四万九千五百零六人;

土族户数三百一十二户,口数六千三百三十人;

番族户数五百二十一户,口数九千五百四十人;

回族户数二百二十九户,口数一千零四十二人。

全县共计九千六百八十九户,六万六千四百一十八口。

三 关于宗教风俗

(一)教堂、寺院名称及变更 宗教种类派别

天主堂一处,主教系德国人,信教中国人计十余名;回教礼拜寺一,回族民众崇信甚诚;佛教寺院十一处,番、土人民崇信甚虔,生子半数披剃为僧,附近汉民亦间有为僧者;汉民崇信孔教,然拜神信佛之习到处如是。

(二)婚姻

请媒介绍、纳币送聘之礼,汉、回两族大致相似,惟亲迎时稍有不同耳。汉民对于亲迎,则请亲友数人于夜间往女家,迎亲乘马,不用舆;回教则男家亲友数人偕新郎披红自往女家迎亲;至于番、土民对于婚姻,明媒正娶者实居少数,余皆自相配偶。有女年及髻,无夫而挽辫者,名曰"天头"。

(三)丧葬

汉民对于丧葬,用衣衾棺木,择日殡殓,用椁者最少,邀僧道讽经忏祷,焚纸帛致祭;回族对于殡殓,不用衣棺,只用白布袋束而葬之,请其回教阿訇讽经;番、土民对于丧葬,将亡人盛坐于木龛,舁诸旷野,用干柴焚化成灰,然后埋之山麓。

(四)服饰

婚姻男子服饰,长衫或长袍,上罩长袖马褂;番、土民多以皮袄、褐衫,如有小康之家,亦有以布袍或绸袍者。丧服,汉民则用齐衰、斩衰、麻冠、素服;回、番、土民则仍着常服,并不戴孝。

(五)用品

汉民丧礼,则用银箔、纸钱;回、土、番民仅以诵经为事,别无用品。

四 关于人情习惯

(一)性质职业

……汉民士农、工、商皆有之;番、土民多以游牧,近年来亦有务农为业者;回民多事贩运、小贸、屠宰,兼亦务农、商者。

(二)生活

丰稔年间,各族人民素尚朴实,生活程度尚各和平;近十数年来,师馑之余,民生凋敝,达于极点。上年乐都人民饿毙者数千人,足为殷鉴,元气大伤,满目疮痍。

(三)嗜好

汉民多有吸食鸦片烟,因之体弱颓败者居其多数;番、土民多有嗜酒者;惟回民无嗜好,爱啖牛羊肉。

(四)饮食居处

饮食大致汉、回相同,惟回民不食猪肉耳;番、土民多以炒面、酥油、牛羊肉、奶茶为饮食之要。

居处多以庐舍、草房,亦无帐棚〔篷〕、穴居者。

五 关于山川气候

(一)山川名称 山脉形势

乐都城北皆山,中流湟河,南为雪山,蜿蜒至临夏积石关。北曰松花顶,其次曰瞭高顶,其山脉由甘凉绵亘至民和县,北境浩门水至,其水俗称大通河,河之东为永登县界,其山脉雄壮巍峨,石土间半。

(二)森林矿苗

境内向有森林数处,近二十余年来砍伐净尽。矿产无。

(三)川流方向

湟水自西来,经过乐都南城外绕道东入民和县界,汇大通河,湾转入黄河。乐都居民有引水以灌田浇树者,利益颇优。

六　关于古迹名胜

(一)碑碣坊表

邑南乡瞿昙寺有明初碑塔四尊,节孝坊有五,东关有武庙一,前有牌坊一座,修置宏壮,邑人称为八卦绰楔,为邑一景。

(二)陵墓壁垒

城北有祁土司享堂一座,内有古墓一冢,亦清初之墓。

(三)名山大川

城南北皆山,高际云间,亦无名胜可言,惟北山上有三龙池,每于旱年,邑人祈雨于此,多有效验,称为龙池甘露,亦一景也。

(四)岩洞矶石

县城东五十里有老鸦村,湟水附近东流,河中有矶石一,耸然独立中流,称为"中流砥柱"。上有八角亭,中有石,上镌"米颠拜石"四字。最近有石岩半壁,上有天然石缸一,深数丈。邑南乡有三洞,深不可探,素称为"瞿昙三洞"。城北有高崖,色红,俨然红裙形,称为"红崖飞峙",亦为一景。

七　关于政治实业

(一)警卫自治

警卫,颇收效果。自治,因民众知识幼稚,刻已组织区公所、乡镇长、间邻长,以期成立自治区域,正在进行中。

(二)道路水利

新修汽车道一、车马道一。老鸦峡素称鸟道,今已修理坦平。应行修理水渠四道,近已次第开工。

(三)公益卫生

近来公安局新设贫民医疗所一处,以资救济,不取药资,并讲求公共卫生,以期清洁。

(四)赋税杂粮

杂税已经豁免,惟烟酒及番素售药税尚存。本县额粮仓斗,屯番二共三千五百三十七石七斗八升零一勺,小草共十万零三千三百六十二束三分三厘二毫,昨年及今年营买粮宁升三千二百石。开征收催,人民踊跃输纳,以尽养兵之义务。

(五)司法

县长兼检察官,而审判官公署早已成立,已收司法独立之效。

民和县风土调查概况

一　关于疆域沿革

设县年月　名称变更　辖境损益

四至境界　纵横里数　区村镇堡

民和，古湟中地也。汉神爵二年为破羌县，属金城郡。魏因之。晋废，为乐都郡地。后魏孝昌二年改曰西都县，后废，属鄯州。周复乐都郡。隋开皇十八年置县，曰湟水，属西平郡。唐复改为鄯州。宝应初(陷)吐蕃，宋元符初收复，置湟州。大观二年升为镇德军节度使，宣和元年改为乐州。明初立碾伯卫，洪武十九年移卫于西宁州，碾伯为右所。清初设所，雍正三年置碾伯县，属西宁府。民国十七年改为乐都县，十八年一月青海省成立，后因地面辽阔，行政不便，分之二县。城东五十里即老鸦峡，峡西俗曰"峡里"，峡东俗曰"峡外"，为天然界限。至十九年四月一日，峡外新县成立，以峡中芦草沟口分界，名曰民和县。

县治初设上川口，十二月移于古鄯驿，此地汉为龙支县，晋为小晋兴城，明、清为巴暖三川营驻地。县之四境，东界永靖，南通临夏，北达永登，西至乐都、巴燕。纵一百三十里，横一百一十里。

原为二十一堡，及李土司所属共为二十二堡，自新设县治以后，将堡之名称更为区、乡、镇，共分四区七十八乡镇。一区属十八乡，二区属十一乡，三区属十一乡、一镇，四区属三十五乡、二镇。

二　关于种族户口

民族种类　各族住地　各族户口数目　全县户口统计

民族分汉、回、土、番，四族杂处。其中汉族约二千五百户，约一万二千五百口；回族约五千户，约二万五千口；土族约二千户，约一万口；番族约五百户，约二千五百口。全县户口统计约一万户，约五万口。

三　关于宗教风俗

教堂、寺院名称及变迁　宗教种类派别

婚姻丧葬　服饰用品

慈里寺，喇嘛三十一名，应（疑"应"当为"衣"，下同——编者注）单粮青稞三十三石二斗三升零四勺。开化寺，即哈家寺,喇嘛七名,应单粮七石五斗四合五勺。光觉寺,喇嘛十四名,应单粮十五石零九合。宝光寺,喇嘛二十一名,应单粮二十二石五斗一升三合四勺。红通寺,喇嘛七名,应单粮七石五斗四合五勺。静和寺,喇嘛八十三名,应单粮八十八石九斗八升一合六勺。静宁寺,喇嘛九十三名,应单粮九十八石六斗三升零二勺。吉祥寺,喇嘛四名,应单粮四石二斗八升二合。静觉寺,喇嘛六十六名,应单粮七十石七斗五升六合四勺。宝佛寺,喇嘛十五名,应单粮十六石八升一合。龙合寺,喇嘛一百九十名,发衣单粮仓石青稞二百零三十石九升六合六勺。宏善寺,喇嘛白钟秀,历年应领香火银五百两,由县正杂款正支。以上各寺院喇嘛,一半发给仓粮,一半随时发价。莲花台寺,喇嘛三十余名。朱家寺,喇嘛十余名。文家寺,喇嘛四十余名。嘉吉寺,喇嘛三十名。白家台寺,喇嘛十余名。杏尔沟寺,喇嘛三十余名。赵木川寺,喇嘛二十余名。以上各寺均无粮。

种族不同,宗教亦异。汉、土族俗间有信佛法者,常有焚香拜祷之举,故亦称佛教。番族纯信佛教,日以讽诵喇嘛经、叩首为务,以轮回为说,有红教、黄教之别。或有汉、土族奉行释教者,称曰"青衣僧"。回族信穆罕默德教,日礼五时,五时者,寅、午、申、戌、亥是也;遵行五功,五功者,念、礼、斋、课、朝是也。修道之方,尽人合天之法程也,有高念、默念、心念之分，均为赞主赞圣，所以道本一贯，教无二致，故曰清真教。

婚姻为人道之始，议婚之际，大都先访门庭，次查家教，养男者求其淑贞，育女者择配佳偶。请媒定聘，选吉迎亲，汉、土无异，惟回族微有不同耳。至于番人，大都赘婿，甚有未许人者，则对木、石……冠笄，或对天地冠笄。

丧葬，为人道之终，汉、土族用棺椁衣衾，以求久远，不使土亲肤，寻吉地，择良辰，讽经扬道，为安亲之道。回族则否，丧不出三日，盖谓尸以入土为安，不择时日，犹谓人子事亲，生死必求其安，生居室，死归土，敛尸不用棺椁衣裳，而以白色布或锦帛缝囊盛之，以为安亲之道。番族尤异，人死则举而委之于山巅，俟飞禽食之，或以火焚之，取洁净之道也。

汉、回、土服饰习惯，夏则穿单衫，春秋则夹棉袍、马褂，逢冬则皮袄、外套等，甚为朴素，男子大概如是，惟女服稍为妆饰并有首饰。回族妇女有盖头一事，余相似。惟三川土人之服，无论贫富老少，上则短衣，下则纬裙，有红、棕、青三色，以别老少。首饰之耳环特大，直径约二寸许，重三钱余。

四　关于山川气候

山川名称　山脉形势　森林矿苗　川流方向

松树庄沟,在城西七十里,自沟口南行五十里,经峡门村,过青沙山,界巴燕县,两山对峙,树木蕃森,鸟鸣嘤嘤,水声潺潺。该沟有小寺一所,亦曰普化寺。沟向东南,又有一小沟,名曰鳌河沟。米拉沟,城西五十里,自沟口南行五十里,至黑山根,有龙合寺,即塘尔塬藏。城西三十里,有巴州沟,自沟口南行三十里,即巴州村,因地而名,故曰巴州沟。巴州西南有一小沟,名曰寺尔沟,行十余里,有一小寺,即宏善寺,亦称白家藏。由巴州再南行三十里,即至南大山,形势崎岖,山巅积雪,四时不消。城东北五十里,即下川口村,乃暖只沟之口。城南二十里,即满平,向南谓之三川,行四十里,即至黄河沿,界临夏。

迴龙山在川口镇城东,俗名上川口墩坡。积石山距城南七十里,形势如斧痕,两山夹峙,河流出其中,相传即古积石。恐非按张守节《史记正义》云:河州有小积石山,河出大昆仑,经于阗,入盐泽,潜行入吐谷浑界大积石山,又东北流至小积石山。龙支县即古鄯,今为民和县城,隋时属抱〔枹〕罕郡按,抱〔枹〕罕,今导河也。南山在城西南二十里,形势岩岩，山路崎岖，龙合、宏善二寺相倚，与西宁南山相连，延长数百里，冬夏积雪，耸入云际，俨若银屏，俗谓之雪山，邑民又称万里终南山。青沙山在城西南百里，为赴巴燕县之孔道，经峡门，两山对峙，望之如门，名曰峡门。阿拉古山在城北七十里，山巅坦平，人烟稠密，可牧可耕，并有小茅林一处。城南三十里干沟地，有小茅林一处，均供邻近人民燃料。

矿苗，据"矿土"云，老鸦峡口有铜矿，为数无几，余一在湟水。

在城北六十里，邑民谓之碾伯河，其源出西北塞外，流入古湟中，此水由是名也。《汉志》："临羌县西北至塞外，有西王母石室、仙海、盐池，北则湟水所出，东至允吾入河。"允吾县城即今之下川口。《元和志》："湟水，名湟河，亦谓之乐都水，出青海东北乱山中。"以湟水为乐都水，非是。盖湟水自西塞入境，又加西、乐二邑诸水汇入，皆谓之湟水，非独乐（都）水也。《一统志》云："城北北山之阴有苏木连河"，疑即湟水，今北川河也，由今考之，安得以北川为湟水耶？盖湟水发源不一，西北众泉水会，流约百余里，至丹噶尔；东南众泉水会，流七十里，亦至丹噶尔，统汇成河，由西石峡进口，名为西川河。此湟水经大峡、小峡，经乐都县东南，行一百里，至享堂与大通河会，又行一百一十里，至皋兰县张家河湾，入黄河。大通河即古浩门水也，浩门水在城北六十五里由享堂峡流出，其源发自青海，今谓之大通河，东流二里许，入湟水。《水经注》云浩门水"出西北塞外"，由今按之，此水发源青海界翠泉，即上川口镇城西门外之泉是也。妙泉在城北四十里万泉堡，即今博爱村，又名庙泉，其水翻浪而出，涌如汤沸。黑泉在城北三十里祁家堡，仍属博爱村地，下流灌田甚多，名曰黑水镇。娘娘池在城西南三十里，山巅有池，水渚其中，冬夏不涸，逢旱则农人祷雨。药水泉在城南十里，六月六日人民会集千余，饮水治病，亦有见效，其味涩辣如铜性，商贾云集，人多观游，故谓之胜景。

五　关于人情习惯

性质职业　生活嗜好　饮食居处

民和地处边陲，人民忠厚朴实，皆以农为本，生活维艰，无特别嗜好。饮食不求珍味，粗米淡饭，只求温饱足矣。居处不求高楼大厦，不尚美丽，能遮风雨为善也。

六　关于古迹名胜

碑碣坊表　陵墓壁垒　名山大川　岩洞矶石

享堂李土司坟墓所在，依山临水，右有湟水，左有大通河,二水抱流,东行二里,二水合流,至焦家入黄河。大通河有桥一道,高十五六丈,东西两岸相距十二丈,两岸各有牌坊,其匾额"河湟锁钥,浩门通衢"八字,清光绪三十一年,碾伯县知事吴宝琛重修。桥下水色湛然,面平如镜,木商放木,水夫百余人,其声噪噪。李土司坟墓内有石羊一对,石虎一对,年远日久,风雨侵蚀,形势尚显;石人一对,业经毁坏;石牌两座,铭书:"追赠特进荣禄大夫右军都督署左军都督李公神道碑,宣德二年八月立","明故前推诚宣力武臣特进荣禄大夫柱国会宁伯李公神道碑,大明成化十一年三月立"。塚中有墩台一座,高二丈,顶面积四丈余。

土司衙府明初在东山城,明末被流贼骚扰,移居王家户修署,署内有古松一株,门前有古榆树一株、古槐树一株,现在其署在旧城川口。胡东道口有古塔一座,高四五丈之谱,俗称保护田禾塔,清同治年间兵燹毁坏,连被三年雹灾,复修后,迄今无灾。川口镇中山大街有傅姓贞节牌坊一座。

麻地沟在城西二十里,三年演剧一次,会集人民,商贾云集,自正月初一日起至十五六日施行。架木为山,高三丈余,两面各缚马刀六十把,俗称刀山会,上山者刘氏夫人、黄风鬼,刘氏上两次,黄风鬼上一次,人皆观之,似有奇异。川口镇北有旧城,南有新城,县政府初设其内,新、旧二城之间，又以土墙联络为一城，居民稠密，商贾辐凑〔辏〕。北往史纳村有古城，曰贳阳城；太康村松树庄有古城，曰马蹬城，均已倾圮。西境莲台，东境享堂桥，各立界碑一顶〔通〕，系第一任县长郭晓鸿所立。

七　关于政治实业

警卫自治　道路水利　公益卫生
赋税杂粮　司法教育　工商农矿　畜牧屯垦

警察原为保卫地方之安宁、维持地方之秩序，除本城公安局外，川口镇又设分局一处，人员虽谓无几，尚能负责，地方赖以安宁，秩序亦渐井然。至于自治，已分全县为四区七十八乡镇，调查户口亦将完竣。

道路，自县府成立后，将省、县、区各道逐一修筑，由老鸦峡修至享堂河沿，过河即永登所属海石湾，东下而至兰州，是为省道。由本城北行，经巴州、川口，为赴乐都之县道。由本城南行，经满平、官亭，逾黄河而至大河家，为赴导河、循化之县道。由本城东北行至下川口渡河，为赴永登、皋兰之县道。再松树庄沟、米拉沟及由上川口赴下川口各区道均已修完，惟东赴永靖、西赴巴燕两县道尚未修齐。民和田地多系山旱，不过有微数水地，如松树庄沟、米拉沟、巴州沟、暖只沟及三川各处，所灌溉者，均是小小泉水，雨水充足之岁尚能得适宜之灌溉，近数年来连年亢旱，惟近泉水之区尚能灌溉，距泉稍远之处等于旱塬也。

处此贫乡僻壤之区，又值县治初设，公益事业毫无。卫生于市面之间尚属清洁，惟乡间农民多不讲究。

赋税，乙等全磨、大油梁共一百一十二盘条，每盘条年纳税洋三元；丙等旱磨、小油梁共五百九十二小盘条，每盘条年纳税洋二元；杂粮每年共实征屯科仓斗正粮二千九百九十八石六斗零一合，随征耗羡仓斗粮四百一十六石四斗四升三合九勺，共番贡仓斗粮五百五十九石零一合。共屯科七斤，草四万九千六百六十八束一分四厘三毫。

县府新立司法，由县兼理。教育落后，不堪言状。

工业，惟川口镇西山城陶冶甚为发达，所铸各物，尚称精良，不但能供给本县之用，如乐都、巴燕亦销行不少。而铁、木、鞋等工所造者，不过人民日常应需等物，无甚精异，亦无大桩销售。商业，享堂有木商五处，由永登连城峡内伐运木料，砍伐搬运之人不下千余，销路甚广，亦可为巨商。再川口镇有布店两所，杂货铺十余户。至于本城商业，则甚萧条。民和久为庄农之区，水田甚稀，多系山旱之地，加以气候寒冷，所成谷类甚少，如上下川口之果品，史纳、享堂、马厂原之瓜类、米谷，大总堡之麻、葱，其余各种谷类为数无几。近年亦有试种棉花者,因气候寒冷,总不如皋兰、凉州之良也。

畜牧之业,因荒山缺乏,不能营养,大山中有不成庄稼之处,间能微养牛羊骡马,余无之。县设建设局,以管理道路及农工商矿等事。

中华民国二十一年四月三十日

青海省巴燕县风土调查概况

一　关于疆域沿革

　　巴燕在北周时并循化、贵德统称"廓州"，治城在贵德。唐时移置廓州，理广威县，在今巴燕县南黄河北岸，本汉西羌所居石城地。宋因之。后凉时置绕〔浇〕河郡，地域视同廓州，巴燕仍为其属地。前清乾隆年间迄民国元年，均称是县为"巴燕戎格抚番分府"，或称"巴燕戎格厅"。一名"摆羊戎"，盖巴燕戎之转音也。

　　民国二年改为巴燕戎县，至十八年始改为巴燕县。

　　考其辖境，北周、后梁以及唐、宋，与循、贵二县同为一域，未闻有所损益。所差异者，北周、后梁治城统在贵德县境；唐宋时代，移治城于本县南境。自此以降，何时成为"巴燕戎格抚番分府"，变迁概略，无可考据。兹将今县之四至胪列于下：

　　东至杏尔沟一百八十里，与民和县接界；东南至甘都六十里，隔黄河与循化县接界；南至黄河沿六十里，与同仁县接界;西南至水地川七十里,与贵德县接界;西至郡家庄一百三十里,与共和县接界;西北至乩思观峡七十五里,与西宁县接界;北至克欠山三十里,与乐都县接界;东北至克欠山八十里,与民和县接界。全县纵九十里,横三百一十里,面积约二万八千方里。分为六自治区:临城三十里以内为第一区,上什族、札什巴等处为第二区,水地川、上下多巴等处为第三区,卡尔岗等处为第四区,甘都工等处为第五区,下六族等处为第六区。村则尚未设置。境内无镇,第二区仅有一札什巴堡,第四区仅有一甘都堂堡而已。

二 关于种族户口

巴燕民族,大别为汉、回、番、撒(拉)四族。回族之中,更有"番回""撒回"之不同,要其归结,均为蒙古利亚人种。至其各族住地,不能经界井然,约而言之,汉、回杂处于治城及附近数十里村庄内;番族率住于县属东西方面,如上什族、下六族等处皆是,而科才族则独居于南部;撒(拉)族率住于东南方面,如卡尔岗、水地川、甘都工等处皆是。兹将各族户口数目列举如下:

汉族一千零八十户,回族二千一百十三户,番族一千三百六十四户,撒(拉)族一百三十户。全县户口,统计四千六百八十七户。

三　关于宗教风俗

境内第一区有福音堂、多大寺、麻大寺、得加寺;第二区有沙冲寺、支札寺;第三区有加曲官巴寺、彦观寺;第四区有卡尔岗寺、尕加寺。此外,尚有小寺若干处,规模过于狭小,兹不具录。各寺名称及地址亘古如斯,未闻变迁。至于宗教种类派别,除少数福音教徒信仰耶教外,番民如下六族、上什族多系信仰红教,信仰黄教者不过十之一二。番僧则纯系黄教徒,而守戒持律、冥心梵修,尤以支札寺僧为青海各寺僧之冠云。回、撒(拉)二族信仰穆教。汉民崇拜多神,称为多神教。

四　关于婚姻制度

汉、回两族依旧采用"问名""纳征""纳彩""清期"诸古礼;番、撒(拉)两族时喜招赘,纳彩多系牛羊,其仪礼简慢,殊不足道,所异者女子有财产承继权耳。如女子摽梅逾吉,尚未配有夫婿,则对天冠笄……若夫丧葬,汉族沿用五服制,开吊讽经,引柩执绋,在青海方面,几同一律。

回族、撒(拉)族,对于死者不施衣棺,仅以白布束其体,西向葬埋;所遗家资,由族出其强半舍施与人,周济贫窭。番族以念经为丧礼,亦有与各寺布施银钱,求为死者忏悔,冀免罪戾于冥冥之中者。葬则问之于卜,或天葬,或火葬,初无一定。至服饰用品,无论汉、回、番、撒(拉),皆以地瘠民贫,因陋就简,毡褐、粗布、锅釜、皮裘之外,无非零星用物数品而已。惟番族女子,发辫长垂,缀以辫套,嵌宝石、铜镜于其上,以为装饰之具。

五　关于人情习惯

巴燕汉民,性质柔顺。番、回、撒(拉)殊较强悍,早年械斗之案,曾见迭出,近今稍趋和平。职业方面,务农者多,经商者寥寥无几,亦间有以畜牧为生者。而汉、回生活,由来恃农;番、撒(拉)则由游牧生活现已进于耕稼生活矣。至于嗜好,番民均嗜念经礼佛,驰马逐猎,饮以茶乳为主,亦喜食炒面、酥油。境内无论汉、回、番、撒(拉),均住房屋,惟番、撒(拉)所居,更形简陋耳。

六 关于山川气候

城北有马燕山,西有阿尼吉力山,东有青沙山,南(有)尕吾山。山高风厉,故每年最寒期间,在摄氏(应为华氏——编者注)寒暑表不及十度者,约在百二三十日以上;最热期间,在七十度左右者,不过六七十日已耳。巴燕所属,以阿尼吉力山为最高,起自马燕山麓,迤逦东向,循青沙山抵循化县界,而至加玉山根,南北狭,东西长,克欠山横亘其北,黄河标带其南,形如半分柳叶。巴燕乱山重叠,均属不毛。虽第二区上什族有松柏、杨树小林数处,性脆易折,不能资以建筑,仅可供作燃料。此外,别无偌大森林。第五区下六族科沿沟,向有金矿一处,金苗亦旺,业经开采多年,旋即停止,距今已十余年矣。阿尼吉力山俗称"八宝神山",在昔发见金银铜铁等各种矿苗,番民迷信此山,以为有神存在,维护地方之安宁,不令开采,良足惜也。

黄河由西贵德县界松巴峡入境,流至东北乙麻木庄出境,计其所经,约一百七十里而遥。水势湍急,不能行舟,最深处约二丈余,最浅处约一丈余,宽度约六七丈。

七 关于古迹名胜

水地川有金刚城遗址一处,建于唐朝,相传为尉迟敬德驻防之所,或疑为广威县城之故址,未审确否。其他碑碣、坊表、陵墓、壁垒一无所有。

名山则上什族区有阿尼吉力山。大川则有黄河经流县境之南。除此而外,别无名山大川,亦无岩洞矶石。

八 关于政治实业

巴燕旧有警察所一处,至民国十八年改为公安局。县西札什巴设公安分局一处,以资保卫治安。自治,初在着手进行(组建),各区区长均经委就,现在组织区公所中。

境内群山纠纷,道路崎岖,往来交通深感不便。水利:南有黄河,岸高水陡,不能溉田。其余小河均发源于山间,雨则流泄,旱则枯竭。

境内民族,知识简〔谫〕陋,风气锢塞,注意公益卫生者,实所罕见。

全县原额征收番垦官产,六成本色计仓斗青稞三百二十五石三斗一升二合三勺,四成折色洋七百余元;租粮仓斗青稞三十七石二斗五升;各项盈余仓斗青稞四十二石二斗九升一合八勺。昨年奉令,一律改收本色。

巴燕由县长兼理司法,所有民刑案件,均归审理。管狱员一员,兼看守所所官,在县府暂住,人犯归班收押。前任张县长振江筹建监狱一处,未及落成而交卸,现在继续兴筑中。

城内有教育局一处,又有两级小学校一处,两处基本金三千六百余两,全年收息银八百七十余两,作为常年经费。学生九十余名。四乡共有初级小学校十一处,经费由各庄筹摊,学生有四五十名者,有二三十名者,年龄多在十岁以上。此外,教育局附设民众夜班学校一处,县政府附设民众学校一处。其余现在正从事推广,以期启民智而进文化。

巴燕有建设局一处,工业有铁、木、石、画等匠,不能精益求精,不过资以度日而已。商业因交通不便故,无巨商大贾,市廛冷落,生意萧条。农业则一仍旧惯〔贯〕,不知改良。矿业则任其停断,未事开采。前任张县长筹设苗圃一处、农事试验场一处、平民工厂一处,因款项支绌,事从中止,现疑〔拟〕设法,则更无如之何也。

境内居民,大都以耕稼为业。惟东路科巴堂一带,田地狭隘,番民居于石山,多以畜牧为业。至于屯垦,设有垦务分局一处,请领荒山积极开垦者,实繁有徒。垦政方面,尚见起色。

中华民国十九年八月

循化县风土概况调查大纲

一 关于疆域沿革

(一)设县年月

循化自古为《禹贡》雍州之地,羌戎翟所据,小积石在焉。明洪武初年,口外撒马千〔尔〕撒拉懋迁至此,遂成番、撒杂居之处。初隶现今甘肃临夏县,迨至前清雍正八年,始建城垣。

(二)名称变更

循化自设县后即名为"循化县",并未变更名称,无从查填。

(三)辖境损益

循化辖境原分五区。自民国十六年,奉省令在南区之拉卜塄〔楞〕、黑错等地方设立夏河县,十八年又在西区保安、隆务等处设立同仁县后,现仅辖有东、中、北区而已。

(四)四至境界

循化境界,东与甘肃临夏毗连,西与同仁县为邻,北与化隆县相连,南与甘肃夏河县接壤。

(五)纵横里数

循化面积,纵约四十里,横约二百余里。

(六)区村镇堡

循化全县,现分为第一、第二、第三等区,第一区共分二十二村,第二区分一十八村,第三区分为八村一镇。

二 关于种族户口

(一)民族种类

循化民族系汉族、回族按,含撒拉族、番族三类。

(二)各族住地

循化本城内及第三区之马营等处住有汉族外,回族住于附近街子、张尕等八工,番族住于边都、起台等五沟。

(三)各族户口数目

循化境内汉民约有三千三百九十余丁口,撒民约有一万五千九百一十六丁口,番民约有六千四百二十八丁口。

(四)全县户口统计

循化全县各族人民共有五千七百七十七户, 人口:男一万三千一百三十五丁,女一万一千五百九十九口。

三　关于宗教风俗

（一）教堂、寺院名称及变迁

循化境内，除美国宣道会教师海映光设有教堂一处，以便传教外，至回族，每村设一清真寺者，或二三村合设一清真寺者，共计有清真寺五十八处。番族寺院，每沟有五十四处〔三四处〕或五十六处〔五六处〕不等，共计有一十六处。其名称，如某沟所设者即名为某沟寺，如尕塄〔楞〕沟所设者即名为"尕塄〔楞〕寺"等类也。其变迁情形向无记载，无从查填。

（二）宗教种类派别

循化民族，除回民信仰穆教（"穆"指穆罕默德，穆教即伊斯兰教——编者注），番族崇拜释教（"释"指释迦牟尼，释教即佛教——编者注）而外，并无其他"同善社""清茶会"等教。

（三）婚姻丧葬

循化汉民，凡婚丧礼节遵照古礼举行外，至番民婚礼，令媒求婚，若女家应允，媒即复命，复持男家酒一瓶送赴女家，奉敬女家父母及家族等，面订婚事，但不立婚书，至出嫁时遂议财礼，均以牛、马、羊只等件作抵，送清后，选日娶回，始成夫妇。回民婚礼，与番民大概相同，惟女家应允时，即在女家请亲戚,第以面与油和成,熟后盛于盘,遍食,谓之"油搅团",食此,则婚定矣。而媒人以其余复命男家,以作婚订之示,即如汉民之婚书也。亦议财礼,或即交现洋,或以牛羊作抵,谅其贫富而已。临娶时又送红料一对,请阿訇诵经,并由新人至女家亲迎,婚礼始成。

番民丧礼,家中不论老幼,将临终之时,用绳捆拴,放在僻静之处,死后请活佛及喇嘛等诵经,二三日不等。经毕,送到山中,弃于地上,任飞禽残食,谓之"金葬"。嗣后,如遇亡人生日、死日等纪念日,请僧诵经,以为超度。回民丧礼,人将死时,请阿訇念套白经,死后亦不择日,又不择地,以三日为度,送葬时用水将死者净洗,盛以白布囊,掘墓安葬。嗣后,若遇亡人生日或死日,请阿訇念经,与番民相同。

(四)服饰用品

循化汉民服饰,多用市布料子。唯撒(拉)民多系麻布、褐布。番民尽系羊皮、毛毡等类。至日用物品除各该职业内应用物品,如农器等件外,别无特殊他物耳。

四 关于人情习惯

(一)性质职业

循化地处边僻,番、撒(拉)杂居……每以些许事故,动辄聚众械斗。其职业，多以耕耘为业，兼务游牧。近几年来，天遭亢旱，连年歉收，每年不敷食用。

(二)生活嗜好

循化人民多数番、撒(拉)。城内汉民数百家，前清绿营时多以食粮充兵为生。民国成立，颁令取消绿营后，或出外司事，或入伍当兵。至番、撒(拉)人民，多以耕耘为生，兼务游牧；其最嗜好者，枪、刀、马匹，平日稍暇时，或乘马，或试枪，以资比赛，近年来此风稍杀。

(三)饮食居处

循化汉民饮食，多以小麦为主体。至番、撒(拉)人民，除稞、豆而外，并喜以炒面或羊牛肉为日食之常品。居处：远番如刚拭等处，尽系帐房，逐水草而居；其余近番及汉、回人民均系土房。

五 关于山川气候

(一)山川名称

境内有大儿架山、小积石山、唐述山、宗务占郡山、尕㟲〔楞〕山，惟大儿架山为最高，尚有马耳坡、贠同坡亦甚峻高。

(二)山脉形势

境内大儿架山绵延于东，小积石山峙立于北，唐述山屏障于南。

(三)森林矿苗

循化森林,均系天然所产。在西区尕塄〔楞〕、卑塘、中库等处,多系松柏树林,均属番民所有。近年来因保护乏人,督察无术,遂致砍伐殆尽。矿苗均出产在番地古什郡地方。前清时本地绅商合股开采煤矿,只因番民以风水关系,常生阻力,未便开办,现时已无问津者。

(四)川流方面

境内有黄河为最大,横流于北,长凡一百四十余里。惟河甚低,不便灌田,亦无他害。尚有清水河、街子河,水势既小,源头又浅,不过沿途各村引灌田地。

六 关于古迹名胜

(一)碑碣坊表

循化地方,经前清同治三年地方变乱,县城失守,所有碑碣坊表均焚烧无存者,现仅有光绪年间碑坊数座,如县府头门所立水案之碑,及东门外旌表邓将军之碑、孟大工与道河分界之碑而已。

(二)陵墓壁垒

循化境内,东区之崖幔工、西区之查家工,有塔城各一处,相传系南北朝以及唐宋时鞑子所据之地。至陵墓,现在街子工有撒(拉)民先祖之陵墓数处,系明洪武初年戳迁至此者,此外并无传焉。

(三)名山大川

循化地方干燥,天久不雨,山多石山,尽成不毛之处。因无有名之山足资记载,惟城北小积石山,高耸如壁;迤东有一笔架山,形似笔架,故得其名。至大川,有黄河,自贵德流入境内,横流而东至导河境,宛如带形。

(四)岩洞矾石

循化县属老鸦关外有一洞,名曰"捏刚洞",有人入其中,行七八日未见洞底。洞内有水池,洞外有小泉,即是"药水",凡有病者往饮此水,其病渐愈。此外,城南约里许,半山之中有洞焉,名为"神仙洞",前因神仙出没于其间,故邑人建楼阁以崇奉,今则楼阁高嵌半山,风景可观。

七 关于政治实业

(一)警卫自治

循化地瘠民贫,筹款维艰,故城内设有公安局一处,官兵仅有二十余名;第三区马营镇设有分局一处,官警仅十余名,分办警卫事宜。至自治事项,虽将户口调查清楚,而区、镇、乡、村各公所……(未便)积极进行。现正会同该头目等逐渐进行,略具雏形。

(二)道路水利

循化各区道路,多系羊肠鸟道,不惟汽车难以行驶,即商旅往来,诸多困难,因而城内商事萧条。现由省府建修古什郡峡黄河桥,以沟通南北之交通。并由县长积极修理各区道路,以便行车而重路政。至水利,因黄河河身低,利益毫无。近几年来,因天遭亢旱,故居民多集股兴修水库。惟因工程浩大,需款甚巨,徒嗟望洋兴叹而已。

(三)公益卫生

循化公益事业仅有社仓一处,储有青禾〔稞〕粮,循市斗五百余石,每年春放秋收,以济贫民。此外,凡有利于公家事宜,由县政府会同各绅耆随时进行。卫生事项:因番、撒(拉)人民多不讲究,城内汉民百余家,因地旷人稀,仅设便溺处数处;未有医院、检疫等处所,凡遇传染等病,延医调治,或照依地方习惯,迁移病人,避居远方。

(四)赋税杂粮

循化境内各项赋税,归县政府征收者,每年额粮三百五十余仓石,及印花、契税、磨课等项。此外尚有归产销局征收者,由保运局征收者,由禁烟局征收者,名目甚多,难以述载。杂粮因军粮缺乏,每年仅摊派营买粮四百石之数。

(五)司法教育

循化人民性好起诉,动辄在下为头人所和解,或被在上为军队所调处。虽监狱、看守所修理完善,并无羁押监犯一人。因未设有法署,仅委有管狱员兼看守所官一人、检验吏一人、看守役四人。至教育,境内因番、撒(拉)人民风气未通,故不注重。近年来积极提倡,计共设有高级小学三处,初级小学十处,女子初级小学一处;设有教育局,以资督促而便进行。其经费或兼有基本经费,或每年由就地抽收。

(六)工商农矿

循化虽产有羊毛等原料,惟仅纺织褐布或麻布及赶碾毛毡而外,并无其工业。城内虽有银匠、画匠等工人,均属学而未精。商业:因地处边僻,交通梗塞,因而城内商业萧条,市面零落,不及内地之一镇。农业:因山多川狭,田少水缺,每年所产不敷食用,全赖西邻化隆、东邻临夏粮石接济。至菜蔬、辣子、瓜果等类,因气候温和,所产甚美。矿业:因番、撒(拉)迷于风水关系,未曾开采,殊为抱憾。

(七)畜牧屯垦

循化边远,番民因天寒地冷,五谷不熟,多系支帐以畜牧为生,逐水草而居。每年所产羊毛、羊皮等件,易物易食,以资应用。惟不讲畜牧方法,故牛羊不甚繁盛。屯垦事业:因近年来米价腾贵,开垦虽有人焉,惟无可垦之地,徒嗟束手长叹而已。

湟源县风土调查录

一　总　纲

(一)沿革

湟源县在清道光以前隶属西宁，设主簿一员治理之。道光九年,陕甘总督杨遇春请改主簿为丹噶尔同知。民国二年奉文改县,名曰"湟源县",列为三等缺。

(二)面积

全县约计五千二百方里。

(三)区划

全境共分五区:城关为第一区;西北乡为第二区,计十九村;西南乡为第三区,计二十五村;大南乡兼东乡为第四区,计二十五村;新垦西岭台、杨家塔尔为第五区,计大小六村。

(四)地形

全境地形:南北长至二百余里,东西最长处不过百余里,形略如海棠叶。

(五)气候

地处甘肃西陲,当昆仑山中支之麓,故气候苦寒,大概最热升至华氏表六十五度至七十度,最寒至于零度。每年内十、十一、十二、正、二等月极寒,为结冰时期,五、六、七等月为最热时期,余三、四、八、九等月寒暑稍为调剂,约四十至五十度。雨量以七八月为最多,三四月为最缺乏。

(六)种族

五族杂处。除大部分均系汉族,城关多杂回族;东南乡多番族,其习俗多染汉风,正在同化时期,邑人称为"家西番";西北乡多蒙(古)族,蒙古群科旗百姓,然以开垦、游牧及其他之关系,由佃户、渔猎,以汉人而投诚为蒙古族人民者亦多;满人以曩时旗人来湟服官,以婚姻关系有籍住者,然仅寥寥几户,不多睹也。

(七)经纬

经度偏北京中线西十四度三十一分四十八秒,纬度北极出地三十六度二十九分四十五秒。

(八)土司

无。

(九)建筑

1.土城一座,周围七百七十四丈,高约二丈二尺,分东西二门,上建城楼,东曰"迎春门",西曰"拱海门"。系清雍正五年岳钟琪讨平逆酋罗卜藏丹津之乱而筑者也,同治三年及光绪二十一年各重修一次按,民国十八年又重修一次。

2.衙署　在城内西大街,原系守备府,乾隆九年改为厅署,民国二年又改为县署。

3.文庙及学校　民国七年,就原日副将衙署改建第一小学校并教育局,规模宏大,颇壮观瞻。

4.关岳庙　在城内北城根,清道光时所建修,壮丽宏敞,为城乡各庙之冠。

5.城隍庙　在西城门内路北,清乾隆时所建修,宣统三年重修改建,大兴土木,直至民国十五年秋始行工竣。庙貌壮丽,与关岳庙埒。

6.女子小学校　在城内大什字以南, 系原日南义学,光绪十二年改为海峰书院,三十年改为高等小学堂,民国五年又改为女子小学校。

7.第一初级学校　在东关北小庄, 系原日东关义学,民国五年城内高小学校迁此,内有新建之教室二座。

8.新建学校　在东关中沙台,系旧日营盘地址,建筑极称坚朴,拟设第二小学校。

9.第二初级小学校　在西门外, 民国十二年新修,建筑极为合法。

10.宁海军　新筑,居西石峡口,形势扼要,建筑雄壮,于民国十二年筑成。

11.北极山　在城东北里许，上建庙宇台阁，金碧辉煌，为邑人夏令游息之所。

12.此外，城乡庙宇，所在皆有，不胜纪述。

(十)古迹

1.摩崖

字儿洞，距县城西南二十余里，在拉拉三条沟北山，内有一石洞，宽阔深邃，略作正方形，入其中如斗室，壁间镌有古字，鸟迹虫篆，纵横殆遍，然半就剥蚀，不可辨认，或谓原属梵文，未经翻译，不知所云云。

2.历史上名人遗迹

唐公主佛堂，《西宁府志》云："在大非川东。"今距县城西北四十里喇嘛托亥地方柏林之内，有古寺遗址，碎瓦残砖，遗迹宛在，又适在大非川之东，且土人经其处者，多掘获古铜钱，系"开元"等名号，则此寺之建于唐代，当无疑义。

梭力苟，明神宗时，河套诸部迎达赖喇嘛至青海饮"长生水"，因驻锡锅于此山。此山一驻牧妇人聚牛乳九筲以供达赖，达赖鉴其诚，因名此山曰"梭力苟"。译言"梭"为筲，"力苟"为九，盖西番语也。即今哈拉库图南山，距县城百里而遥。《山海经》云："骒山，去太华二千八百五十七里，是鿼(chùn，依附——编者注)于西海……凄水出焉，西流注于海。"按此山即骢山也。

大小榆谷，在县城南恰卜恰地方，地肥饶。汉西羌居此，缘山滨水，以广田畜。隋唐以后，屡为吐蕃所据。天宝十二载，陇右节度使哥舒翰击取之。

临羌新县故城，《西宁府志》谓："在郡西百八十里，湟水经其南，临羌溪水经其西。"今考杨家塔尔地方，有古城遗址，城内有石狮等物。湟水从西绕城南而东，一水从西北山谷流来，东南注于湟水，即临羌溪也；去县城八九十里，而县城去郡又百里而弱，二数相加，与《府志》云恰相符合。于是知杨家塔尔之古城，确为临羌新县也。

3.古战场

承风岭，去县西约二三十里，俗名为"拉拉搭板"，屏蔽境外，抵御海风，故西乡一带田土腴于南乡。唐李敬业与吐蕃战，败绩，还走屯此。

东科旧寺，在县城东北二里许，相传古时东科寺建于此处，不知何时迁于隔板山之阳，土人名此地曰"旧寺台"。

南北古城，距县城东五里许。有二古城，一在河南，一在河北，守御相望，扼峡口之咽喉。二城统名曰"阿哈掉"，蒙语谓兄曰"阿哈"，弟曰"掉"。父老相传，罗卜藏丹津窃据时，与其妹阿宝分屯二城，为犄角之势云。

赤城,在湟水之南,西距县城五里许,当拉拉东有一山嘴,土带红色,而缘山为城之势,隐约可辨,土人犹呼"山城"。郦道元云:"湟水又东经赤城北",当即此也。

4.壁画

佛爷崖绘像,在西石峡内,距县城十余里。石壁千仞,苍苔点点,上绘佛像甚夥,虽代远年湮,而色相尚可辨认。

(十一)名胜

1.宗家沟 在城南三十里。南山如狮,其上多松;北山如象,清流一渠出诸口。沟中石洞最多,其中以桃尔洞、朝元洞、二郎洞等为最著名。番僧结庐于山岩,名曰"净房",以资养静。又有吕祖观三楹,本为居士修养之所,今则罕有古人足迹,但为众俗游览之地,夏令远近皆往游焉。

2.北极山 在城北里许。五峰罗列,状如北极,清流蟠绕其下,庙宇辉煌,金碧相映。当天朗气清之日,则邑人把酒登临,城郭川原,皆在目前。

3.戎峡山 俗名"松峨山"。群山之中,孤峰陡起,山坳一泉,其味甚甘。上有孤松挺秀,彩蝶翔集;下视湟水如带,城郭如砺。放眼四顾,百余里外,如掌上螺纹,历历可数。五六月间,游人往来不绝,亦名胜之区也。

(十二)山川

1.山岭

　　湟源环境皆山,群峰耸峙,陵谷重复,远近错列,位置之奇,无可端倪。然《县志》云,昆仑山之中部,横贯于青海中央;堪达岭之一脉,由新疆蟠绕于甘凉为南山,其一支斜引而南趋于西宁之塞外;巴颜喀拉之脉,由青海南部逶迤而达于积石,平行西宁之南境。故论湟水山脉,北迄南山之尾,而南起于积石之首也。又以湟水湍流,划为南岭、北峰,冈峦起伏,以正西雪山为起点。今分述如下 (以县城为标准——编者注):

名称	方向	距离	高度
翠山	正南	四十里	按,湟水诸山高度,向无精确之测量,就乡人所传,则以翠山、隔板山、达板山、河拉大山、八宝、戎峡山诸峰为最高,皆在千尺上下,以北极山、卯山为最低,皆约一百余尺,其余诸山皆在五六百尺左右。
日月山	南	八十里	
塔藏山	南	三十里	
狮象岭	南	三十里	
凤凰山	南	十里强	
隔板山	西南	四十五里	
照壁山	西南	三十里	
人峰	正南	二十五里	
瀑布岩	西	二十五里	
达板山	西	五十里强	
星泉山	西	十五里	
河拉大山	正北	十里	
八宝山	东北	一里	
北极山	东北	一里	
鳌头山	东	二十里	
戎峡山	东南	三里	
卯山	南	五里	
热水山	南	八十里	

2.水泽

湟源千岩万壑,泉脉疏通,总汇为西、南二支,皆湟水之源也,至戎峡山口,二支合流,东经西宁,历乐都,出老鸦,与大通河会,东注黄河。统计湟水流域,不下四百余里,群流会集,莫可历数。仅述其湟流如下:

西支:由青海拨洛充克之乌兰哈达暨莫挥克泉水会流,约三四里,临羌溪水自西北来会;又东数十里,经福海寺,莫尔吉水自西南来会;少东,胡丹度水自北来注;又东流至大路庄,上纳隆沟水自南来注;至上达尔化口,阿家兔水自西南注;至卡路庄,申中水自北来注;又东南流李大庄,拉拉河自西南来会;至城东南里许,下纳隆水入焉;又东,与药水河按,即南支遇而入峡。

南支:由哈拉库图尔脑、东峡、噶尔藏岭三泉分注,北流二十余里,汇为一水东注;至哈拉库图城东,哈拉库图水自南来注;又北流十余里,而为药泉水自西来注;又东五六里,至兔尔干东南,东科寺水自西来会;少北,大察石浪水自东来注,而水势始盛;其北,宗家沟水自西来会;又东北,药水注焉;出药水峡,白水河自东南来注;少北,大高陵水自西来注;经察汗素至蒙古道,曹家沟水自东入焉;再北,与西支会集,而水势愈大;入戎峡后,蓝占巴水、响河尔水、黑沟水均自北来会;至响河尔东,磨沟水自西南来会;经闇门峡,出峡入西宁县界,兹不赘述。

(十三)湖泊

(十四)沙漠

(十五)宗教

1.耶苏〔稣〕教

全县有福音教堂二:一称"中华内地会",为内地人民入教者,于民国八年成立,以城内商号庆盛合为礼拜地点,有教徒六十余人;一为"蒙番人民入教会",教会称"青海福音堂",美教士白令美夫妇于民国十年到湟,先租城内民舍传教,后于民国十二年永租城内大什字正南清故都司衙署地址为教堂,十三年兴工改造西式楼房一处,建筑坚固,规模宏敞,蒙番教徒住堂者尚寥寥也。

2.天主教

教堂一,原租城内东街某商店,现已迁出,尚无定所。该堂于民国九年成立,初时邑人入教者甚多,未几颇形冷落,现时几无状可述。前后教徒约计百余人。

3.同善社

于民国十二年冬成立,社长李向谷,四川人,初来寄居城内财神庙右隅、原日之国民学校地点祈祷坐功。其传单摭取儒、佛及以却病延年为招牌,遂至一两年间,邑人信奉者达百数十人之多。未几,又悬挂"国文专修馆文学预备科"之门牌,招纳儿童入社读《三字经》《朱子家训》之类。湟邑私塾取缔净尽已逾十载,该社所设之学校实私塾也,而腐败鄙陋或且过之,然以之迎合地方人民守旧之心理,亦自有一部分势力,故十四年前期,学童达六七十人之多。至现状,则已等于天主教之衰败,不可收拾。盖入社者皆地方无知之徒,实无集社结会之程度,其"国文专修馆"亦于十五年春由地方教育当局改组为第三平民学校,读千字课本矣。

以上系民国成立后,前后设立之教会。

4.佛教

湟邑大南乡一带,熟番多属东科寺佃户。其差徭之催科,西北一带蒙古旗百姓亦然。所信奉者均为黄教,间亦有红教徒,然不列于各寺院名额之中……红教徒俗名"本卜子",土人笃行之类,多神奇狂诞之说,如问卜、医病、祷雨、回风等事是也。黄教徒居住各寺院,以讽经为名,而额给衣单、口粮之外,尚多田土,租税其田。蒙、番人输货财、器物、食用之者,则谓之"布施",为各寺供应之所取资者。今将各寺院僧人数目开列如下:

札藏寺,距县城西二十五里,僧人一百二十八名。

东科寺,在城南五十里,僧人五十余名。

上拉拉寺,僧人十三名;拉拉寺,僧人三十四名,均距城西南十五里。

福海寺,西北四十里,僧人二十名。

恰卜恰寺,有僧人二十余名,红教"本卜子"尤多,地在蒙、番杂居,每岁共支衣单口粮仓斗青稞三百六十一石六斗。

札藏、福海二寺,寺僧系蒙古种族,附近有田地百数十石。东科寺则地土之广,田租之多,尤遍于湟邑。

5.回教

回教清真寺,在东关北小庄北极山麓,系民国五年新修者。四周回民四百余户,约计人口二千余人,多信奉新兴教。有阿訇十余人,主持教务,教导礼拜、经典等等。回民子女多送寺读经,而婚嫁、丧祭,均请阿訇讽经指点,以成仪式。其教义本严,而其势亦甚盛也。

此外,城乡男妇秘密会,尚有所谓"清斋会"者,亦不下数百十人,斋戒沐浴,茹素诵经,时或扶乩、降鸾等等。会中行动盖极秘密,局外人不能尽知也。

(十六)风俗

1.婚嫁

男子十五六岁时完婚,女子十七八岁时出嫁。在未定婚之前,先由冰人两方撮合,送女家以茶包,即为定婚之初步,然后请女家开礼单,男家照礼单数目色别,略为减损,择吉送礼,俗称"大酒";女家则与以庚帖,从此婚姻即认为完全成立,不得中变。结婚前二三月,男家又须送礼,约与"大酒"同,惟一切稍逊耳,俗称"小酒"。至结婚之期,男家备办酒席,邀请宾朋,看好时辰,前往迎娶,新娘或乘轿、车,或马,不等,并有押轿男童一人。娶回以后,拜花堂,入洞房。第二日晚间行铺床礼,同辈亲友,多有作闹房戏者。翌日,新妇拜识亲属。女家亦于是日大会亲友,送妆奁,至男女来宾约在二十席左右,每席约八九人,普通惯例分作二日,先女后男,由男家备办酒席款待。而新娘亦以女红遍赠姑舅及其他重要亲属按,此为女家最费力之事,偶一不周,即起争执,近有人颇思笔之而未能也,三日入厨料理羹汤,八日或十日后,新郎始同新妇回拜岳家,名曰"认门",当日即回男家,婚姻始告厥成。

至所送礼品,除首饰、市钱外,率用布帛,间有绸缎。在六七十年前,"大酒"恒兴布二匹为率,嗣后踵事而增,索聘无厌,今则"大酒""小酒"增至二十、三十,更有用四十余匹者,且杂有锦绣贵重之品。所用钱数,亦与布帛数相称。中人之资,恒破产以娶一妇。流弊所至,内怨外旷。望负风化之责者,从早设法补救为幸。

更有东科寺佃户者,原系番族,现住境内南乡一带,其婚嫁制度与汉族迥然不同,多属招赘女家而冒女家之姓。

亦有迎女为妇者,其聘礼则尤重也,所用礼品多用马、牛、羊、氆氇之类,间有用布帛、绸缎者。

2.丧祭

丧礼丰减,率称家之有无。普通风俗,人死后,门上先挂丧牌,三日开吊,请僧道讽经、斋醮,子孙披麻带〔戴〕孝,跪在灵前哭泣。宾朋吊唁,用大馒首十二个及纸钱之类,亦有用缎幛或市钱者,丧家预备酒席,然极其简单。殷实之家,多请礼宾家祭。至家祭之礼,则杂用文公家礼"三献""四拜"之数,仿其仪而祭以文,然亦仅存一二于十百之中耳。送殡后三日,全家均临墓哭祭,名曰"全三"。而孝子则于安葬日起,每日至墓一次,以牛羊之粪燃烧按,此本地普通燃料也墓前,不令或熄,百日为止。自斯以往,除三年内于每周年忌辰日特别祭祀外,每年按照四季禴祠烝尝,永久不替。

至祭祀除每年元旦、端午、中秋、冬至各节,至每月朔望燃灯焚香敬神外,墓祭则以春社为最,普通用馒首、纸锞,亦有用猪羊者,皆小祭也。

3.庆祝

凡遇婚嫁、寿辰、建筑、生子等事,亲朋均行庆祝,惟所用礼物则各有不同耳。娶妇则用羊肉,或钱或书绫吊以致贺,间有用缎幛者。嫁女则以布或钱为最普通。祝寿之礼,普通则以蜡、面、酒、肉之类,如遇花甲、古稀之岁,其人有事迹可述者,则请文人纪其事实,颂其功德,书于缎幛赠送,以为光崇。建筑则与娶妇略同。生子则以小儿产生之十日或一月,亲友往贺,所用礼物,多小黄米、核桃、红枣及衣饰之类。此外,每岁元旦,亲邻闾里互相庆贺,至端午、中秋、冬至各节,亦致贺焉。

4.交际

本邑民气敦厚,对于交际往来,视为重要。有喜则贺,有丧则吊,有疾则问,亲亲睦邻之义,友助扶持之风,未能或后。惟是近年以来,酒席酬酢,盛极一时,亦云奢矣。

5.各种仪式

年节:均按旧例。到年节时,男女老幼均换新衣,糊窗子,贴春联。除夕安神、放爆竹、上香设供,一夜不睡,多作玩残之戏。元旦早一二点时接神,点旺火,满院灯火连天,如同白日。接神后,先由家长向神龛叩头,后再由晚辈向长辈叩头,合家共食水饺。天明则亲戚朋友互相拜年,以三日为率。正月十余日或一月,酒食游戏,诸事不理,谓之"过年"。

年节仪式已如上述。至婚嫁、建筑、生子等,宾主相见,相与一揖,口道"恭喜"而已,惟祝寿则率行跪拜礼。此外,如中秋、端午等节,除敬神、送礼、拜节外,则无仪式之可言。

6.服装

汉人男子服装无甚特异,女子则多穿长袍,鲜有着短衫长裙者,惟首饰则玉翠玎珰,珊瑚珠串饰于发而环于臂,一女之费,以十数金计,而衣锦缘饰,又日新月异而岁不同。

南乡东科尔佃户多系番族,服装近似西番。男子则穿长领皮袄,以带围腰,令腰间衣悬垂如袋,取其多能携带物件也;女子则多穿长袍,腰间亦系带,惟不令取悬垂也。男女皆着皮靴。女子发恒作二发辫,以长布套囊之,布套之上饰以刺绣、珠玉及银制之物,所费亦常在数十金左右,未嫁则置之胸前,既嫁则置之背后,稍有不同耳。至其衣服质料,因气候关系,多用羊皮及野牲皮,余则以斜布、洋布、大布为大宗,氆氇、绸缎次之。

7.迷信

湟邑地处边陲,风气晚开,往时迷信特盛,遇有建庙、立祠之举,无不踊跃输将。又因接壤青海,而信佛尤虔,故于喇嘛布施,不惜多金。近年教育发达,民智渐开,而此风亦稍替矣。

8.俗尚

本境辟地以武,两次团练,保卫、堵御,前后相继。故言战阵,则人人色喜,若好驰马,喜猎兽,皆尚武之端也。近则风气渐开,人民渐知,趋向教育,讲礼节,重读书矣。至于实业,则尤重出口经商,盖环境使然也。

9.歌谣

人民喜唱山歌,每多男女唱和之词,鄙俚不文,无备载之价值。

10.游乐

人民嗜好音乐,多有能弹三弦、拉胡琴者。每当风和日暖,工作有暇,朋辈相约,于山巅水涯之间,清歌一曲,浅酌微饮,其喜洋洋之者矣。

(十七)习惯

湟人性嗜酒肉,嫁婚、庆贺,以及普通酬酢,无不以饮酒为第一之敬礼。而食品亦以煮羊肉为无上盛馔,盖邑人多以通商海外致富,故杂染番蒙气俗,手抓羊肉,合盘共餐,虽无他菜佐膳,亦所心喜。酒量甚豪,然因酒伤生者,数见不鲜也。又地当海藏孔道,蒙番商人聚集,故邑人对于教育,咸漠不措意。子弟成立,即出口贸易。操蒙番语者,市井皆是。其以经商获巨利者,即为社会之领袖人物。驯至人民思想,恒觉能出口营业,即可致富,余均无足轻重者。湟邑地高天寒,农产中以青稞及炒面为大宗食物,酥油、牛乳,尤所嗜饮。惟以京、津、秦、晋商旅往来者众,又不觉染其奢侈之风矣。

(十八)民情

邑人与青海蒙番通商往来,冰天雪地中,终岁辛勤,不以为苦,荒漠绝塞,寇盗出没,而亦冒险深入,怒马快枪,驰驱峻坂巉岩之间,习为故常,故邑驰马竞赛,尚武威风,且勇于公斗,富于团结。清同光间,自行组织乡团,捍御土匪,以孤城屹立,未能大受创患者,乡团之力也。且时有义勇四出救援邻封,载在邑乘,彰彰可考,而邑人至今犹津津乐道者也。其团练办法,亦饶有精义。现今令各县成立保卫团,在他邑则或告无办法,或不免引起人民之惊疑,在湟人则视为固有之家法,无不踊跃奉命。苟得人而董理之,诚而易举者也。近来除少数城市富商稍涉奢华外,至乡村农民,俭朴自守,情谊敦厚,所以养生送死,安于畎亩,衣食而外,皆不愿见外事,终岁劳作,痛恶游闲,以故失业之人盖不多睹。然质胜则野,风气因而锢蔽。转风易俗,当有赖夫教育矣。

(十九)政绩

清抚边同知中,其德政可纪、为人民所称颂者:

图勒炳阿　于道光十三年莅任,满州〔洲〕镶黄旗人。邑人爱戴之,称其廉而有惠政,礼士爱民,抑强植弱,两关修栅,城中凿井。迄今七十余年,故老相传,为本邑第一好官。

吕际诏　陕西咸宁县人。于咸丰十年到任之初,撒匪蠢动,即饬绅民开办城乡团练,迨事起仓卒而能有备无患。

湟人之防堵勤奋,惟公有以肇其基也。

富亮　于同治二年〔咸丰十一年〕、同治十年先后到任,皆以督率团练,捍御回匪,保全地方,于今称之。

刘肇瑞

张晖旸　四川灌县人。于光绪十一年到任,十四年调省,十五年复任。前后两任,善政最多:设办专款,创设各庙祀典;并两义学为书院,每月课士,添设膏火,奖励学子,训诫塾师,士风丕变,文教渐盛;强丐群聚为盗,公出示晓谕,格杀无论,乡间赖以安堵;东科寺香错每以严刑苛虐佃户,公严禁之,至今平允;改釐局为卡,省冗费而除民累,立定界碑而息民争;其他治奸除弊,吏民无不感恩畏威。凡所叛〔判〕决,无反复者。又不用行丁,士民皆得请见,故舞弊者无所容。公政绩卓著,此不过举邑人所盛称者,略述数端而已。

陈泽藩　湖南长沙人。于民国六年到任,十一年调署乐都,在任共六年。将清副将衙署,出文转请财政部拨归学校,遂于七年动工,新建文庙一处,高等小学一处,教室、自修室至百余间之多,教育局一处,三所联为一气,规模极为宏壮,释典有所,文教大兴。公之所造于湟源者,历百世以弗替。公监工之日,夙兴夜寐,刻意经营。湟本属边鄙小县,政务清简,公抚民以仁,持己以廉,故四境安谧,舆论翕然。工程繁巨,公自黎明以迄黄昏,恒不离工人左右,指画一切,落成之日,远近驰誉。旅客至湟者,咸谓甘省小学中,求建筑与此相侔者,几不可得。至对于各校校务,又特请教育名人指导改进,公则不时躬赴学校训勉策励。于是,一校学生达四百人之多,出外求学者年有增加。转风移俗,其功德诚足为湟人金铸丝绣也。

(二十)物价

本境输入之货,以粮、茶、布帛为大宗。在清光绪末叶,收成丰稔,道途安宁,时西宁各地输入之粮,小麦每石价约十两上下,青稞、豆子每石七两左右,茯茶每封一两,斜布每板按,一板十丈价银五两上下。民国初年,因受大局纷乱、交通梗塞、凶荒荐臻、年谷不登、军队扩充、游民日增诸影响,遂致物价骤增,生活日艰。小麦每石由十二两涨至二十两有奇,茯茶每封涨至一两七八,斜布每板亦涨至七八两。近三五年来,除以上所举各种原因外,又以本境人口亦骤增按,自外县迁来者多,用度维艰而荒旱迭遭,道途不宁而转输益艰, 如粮食一项, 小麦由十余两涨至四十两之高,青稞、豆子亦较前增高一倍,而茯茶每封涨至二两四五,斜布每板涨至九两七八外,其他日常生活用品,均较十年前之物价升高数倍,间有增至十倍者。生活程度之高,殊可惊骇,若贫寒之家,将无术以维持矣。

全年中由七、八两月,蒙番商人进口来湟,则粮价大涨,百物齐集,其余各时均能保持常度。

(二十一)用度

按湟邑民气朴俭,日用服食,率就简陋。如清同光之际,各物不甚昂贵,上等十口之家,每年费用约在三百金以上,中等不过二百金,下等不过百金。至今年来,百货飞涨,粮价腾跃,上等之家需费每年在千金以上,中等之家亦须五六百金,下等之家岁费在二百以上。每人每日平均计算,约在二钱以上。

(二十二)工资

本境地邻青海,恃商业而生活者,比户皆是;藉各种匠工以营业者,全境不过二百余家,其中有大资本者,不过十之一耳,余皆全恃手艺以生活。劳动者多,而所获工资辄少。计每人每日所得之资,约在三钱上下,徒恃手艺以资生活,数口之家,不能生活。

(二十三)失业

湟源为青海贸易之区,商业、工艺亦较繁,各种工作需人孔多,故谋业较易,失业者鲜。然行乞之人,充斥市井,湟人素以施济为慈善事业,故游惰无赖之徒,咸麇集焉。总计乞丐人数约有四五百口之多。此种人宁四出行乞,决不任受微劳为人作工,以得食易也,而且嗜好沉重,既分利以为社会蠹,又行窃以防社会安宁,社会所受之恶,影响非〔匪〕

浅勘也。年来筹措巨款,拨划地点,积极筹办平民工厂,容纳群丐及失业平民,使之入厂工作,以资生活也。

(二十四)人物

赵兴旺　清康熙时人,官甘州提标中营千总。奉派出征西路,于雍正十年在准噶尔地方力战阵亡。事闻,赏云骑尉世职。

李发梅　清嘉庆时人,官西宁镇巴暖营把总。于道光五年奉派喀什噶尔征剿张格尔,力战阵亡。事闻,赏云骑尉世职。

魏启明　清道光时人,官西宁镇巴暖营守备。奉派出征浙江,在慈溪县大宝山力战阵亡。事闻,赏云骑尉世职。

崔林升　清道光时人,由镇标马兵剿生番有功,署左营外委。于咸丰三年捻匪扰河南,奉调赴援,以克服河南孟津暨安徽庐州诸城功,迁陕甘督标前营守备。九年八月,战于凤阳之黄泥铺,阵亡。事闻,赏云骑尉世职。

傅义清　清咸丰时人,少桀骜,性豪侠。同治回变时,其父恐出滋事,幽闭之于室。丹噶尔同知富某聚义兵援丹城,义清乘隙破窗,持令号召,不终朝而应者百余人,顿成劲旅,所向辄有功。后赴大营请援兵,还至大通县之黑林中,遇贼,战,身亡。

张逢春　清咸丰时人,少骠悍,猛勇异常。同治回变时,恒以匹马单枪御贼数千,当者辄死,贼皆畏之。卒以轻骑冲阵,死于申中之役。

高枪手　遗其名,清咸丰时人。同治回变时,每以短枪刀曳其刃漫行,诱贼追之,即中其计,屡有斩获。会与贼接战,众知其能,不往助之,遂陷于坎,为贼刺死。

张麻三　清咸丰时人,膂力过人。同治回变时,每战先登,贼稔知其状,思以计取之。适麻三匹马山行,众贼突出,诱杀之。

张仁顺　清咸丰时人,勇敢善战,临敌不问贼之多寡,辄以孑身挡之,同治年间死于申中之役。

王崇生　清咸丰时人,西宁镇海营兵丁,有膂力,习武艺,尤善大刀,食兼数人之馔。奉派赴固原剿贼,屡建奇功,当时号为"大刀王老虎",以积功升把总,补千总,旋保守备。会单骑战贼,贼溃,崇生奋勇力追,马蹶,陷于坎,贼反乘之,遂遇害。

王永善　字复初,清道光时人,有干济才。同治回变时,奉谕办团,擘画周详,大小积八十余战,出境援危至数十次,鞠躬尽瘁,始终者一,叙功保布政司理问。以积劳致疾,逾年遂卒。

王重斗　字星垣,清道光时人,赋性仁孝。同治回变时充团总,简练精壮成劲旅,每战身先士卒,克捷最多。自始乱至贼平，未受寸伤。叙功保守备，加都司衔。因遇劳失血，遂卒于家。

张焕奎　清道光时人，武举，膂力绝人。同治乱时为大南营兼北四营团团总。申中一役，督队冲锋，亲冒炮枪，进退士卒，饶有方略，卒使团勇用命，枭贼催败。与先锋团总王重斗齐名，咸谓：非二公，则申中不保。当时为之谚云："张王二公两只虎，三百奋勇把贼堵"。云云。自是屡战克捷，威名远震。尝躬赴贺兰山多将军大营请援，沿途皆贼，公往返转战，出死入生，毫不畏却。肃清时保尽先都司，赏花翎，署镇海协营中军都司。后无心进仕，卒于家。

张映奎　焕奎堂弟也，武举，为人平易坦率。同治乱时，与焕奎首创团练，为北营团总，饶有胆略。贼有健儿来刺，公手擒之，尤优于冒险，故派赴宁夏请援、赴贵德救援、迎阿嘉呼图克图、接同知刘到任、趁塔尔寺救援，数次皆力战解围。平时待人宽厚，人乐为用，战时各自为战，退时不加约束，人谓有李广风焉。肃清后保守备，赏花翎。惟不欲仕进，卒于家。

吴丙寅　清道光时人。同治乱时，偕妻、子、三支鸟枪，守申中碉楼，曾于一日中毙贼百余。贼谓碉堡中当有枪勇数十，而不知只一人也。

李三孝　清道光时人，原系无赖，不能谋生，胆壮敢敌，身矫捷，一跃丈余。同治乱时，尝援西宁，钦道各宪，皆倚重焉。善放巨炮。然有功辄骄，人以是鄙之。承平后，酌拨叛产地数十亩以酬劳。若假以顶戴，或擢用之，恐桀骜而不可制矣。后卒于家。

张志治　清道光时人，同治时为团丁，胆力兼人。每临战，诱贼步斗，手搏而取之。匹马单枪出入贼阵，杀贼极多，号为"尕扇巴"。扇巴者，番语，屠者也。光绪回变时犹强健，驰马舞枪，为众团勇先，叙战功，保五品。后卒于家。

魏裕禄　字荷园，清嘉庆时人，拔贡。博学行修，士林钦服。同治乱时，奉谕办团，公以耆旧领袖群彦，凡防御积储，条理详密，虽未蒇事而先卒，而十余年防范有赖者，皆公所遗也。

王敦善　邑儒生，清道光时人，持躬庄敬，衣冠终日无惰客。事亲极孝，色养温恭。教子弟宽而不纵，严而不克，受教者虽成人后，皆敬畏之。笃于友，老而尤挚。临终口占一联云："事双亲于地下，可恨兄妹先逝；遗二弟于人间，深叹手足永离。"邑人传诵至今，亦可见其孝友之忱矣。

邢耀奎　字震沧，附贡生，清光绪时人，候选训导，举孝廉方正。为人正直，丝毫不苟。曾充县议会正议长，继充劝学所所长，创设第一国民学校，以树地方模范，振兴全县教育，募添教育基本金数千金，汇购教育各书，俾地方子弟就近购读。历五年之久，地方文化渐进，纯尽义务，不但未支薪水,又捐银百元,以为地方劝嗣。以积劳遂卒,人咸哀悼。

(二十五)烈女

张贾氏　张锡之元配,清道光时人,子兆瑛,孙焕奎。其守贞事实具奏,奉旨已建专坊。

张苟氏　即贾氏媳,兆瑛妻。子焕奎,武举;孙世顺,庠生。五世同堂,子孙显扬,曾充承欢,一门完福,人谓节孝所感。其守节事实具奏,奉旨已建专坊。

崔李氏　庠生崔得孚之妻,十七岁于归,二十九岁守寡。孝事媚姑,抚育幼子,备极艰辛。守贞五十六年,举报学院许,赏"柏舟励节"四字。具奏,奉旨已建专坊,入祀节义祠。

张杨氏　张生春之妻,年二十九岁夫故,守节四十八年。于光绪时举报学院吴,赏给"如竹有筼"四字。具奏,奉旨旌表、建坊。

王刘氏　王永年之妻,二十五岁守寡,守贞四十七年。于光绪时举报学院夏,赏给"霜筠介洁"四字。具奏,奉旨建坊,入祀节义祠。

王史氏　增生王明德之妻。夫故,自尽。光绪时详报事实具奏,奉旨特立专坊。

胡烈女　民人李永睦聘为继室。未嫁,夫故。女偕父往吊,至灵前,一叫而绝,盖预服毒也。光绪时具奏,奉旨旌表,特建专坊。

靳何氏　靳自新之妻,清嘉庆时人。夫故,守贞五十三年,孝亲训子,允著闺范。同治时举报学院,赏给"彤管扬芬"四字。

李王氏　李继宗之妻,清咸丰时人。夫故于同治之乱,守贞抚孤,窘迫异常,饮泣含泪至五十余年。举报学院叶,赏给"华杞贞风"四字。

史李氏　史联智之妻,清嘉庆时人。夫故于同治之乱,家贫子幼,又遭兵乱,饥寒流荡,以抚子孤,守贞四十余年。举报学院叶,赏给"边裔女宗"四字。

张刘氏　张生德之妻。其夫远游不返,音闻断绝,遗腹子抚养成人,孤守三十余年,结想成疾。举报学院叶,怜念三十余年孤寂凄楚,赏"石尤望断"四字。

王宋氏　王得义之妻。夫故,无子,守贞数年,不食而死。举报学院夏,赏"抗义明节"四字。

魏朱氏　魏秉贞之妻。夫故,服毒自尽。举报学院夏,赏"捐躯完贞"四字。

李廖氏　李作枢之妻。夫故,服毒自尽。举报学院蔡,赏"冥践义途"四字。

二 财 政

(一)粮赋

1.额征正耗粮石、银两数

湟邑于前清道光九年设立抚边同知,由西宁原拨额征番贡仓斗青稞四百八十七石五斗三合五勺,例无耗羡,全征本色;民国三年改为本六折四,除本色二百九十二石五斗二合一勺外,折色一百九十五石一合四勺,按照新章,每仓石征洋四元四角,共折征洋八百五十八元六厘三毫。额征新垦仓斗青稞八百三十二石二斗二升,内除地主粮三百三十二石一升六合外,实征新垦仓斗粮五(百)石二斗四合,向无折色。

2.上色粮数、下色粮数

征收青稞一种,向无上色。

3.附加税额

番贡本色附征百五经费仓斗粮十四石六斗二升五合一勺,又每石附征斛面土验仓斗粮一斗七升三勺,共征仓斗粮四十九石八斗一升三合;番贡折色附征百五经费洋四十二元九角。新垦仓斗粮内共附征百五经费仓斗粮一十二石五升, 又共附征斛面土验仓斗粮二十二石一斗三升六合。又番贡本折粮四百八十七石五斗三合五勺,及附近县垣之新垦二百四十一石,向例每仓石附征警费大钱一千二百文,共征警费钱八百七十四千二百零四文。其他属于蒙番新垦,无此项警费附征。

4.征收率及其手续

查《湟邑赋役全书》内载,田地向分水、旱两种,而地面之多寡,则以下籽仓斗若干斗计算。按地方习惯,下籽数目,估计每下籽仓斗一斗,合地一亩。番贡水地每亩起征仓斗粮二升五合,番贡旱地每亩起征仓斗粮一升;新垦地亩全系照旱地,每亩以一升起。至征收手续,番贡本折四百八十七石五斗三合五勺及县垣附近之新垦地粮二百四十一石,向由花户直接完纳,得遵章发用串票四百余张。其他属于蒙番新垦地亩,则由各蒙番头人散收、总纳,因凡属新垦,其地主权均属蒙番头人,每征粮一石,公家六成,地主四成,故县署权力未能直接催收也。

5.历年征收增减比较及年豁免缓征比较额

番贡本色二百九十二石五斗二合一勺,历年照额征收,无所增减,亦无豁免缓征之事;惟折色一百九十五石一合四勺,原定每仓石折收库平银二两四钱,民国八年经前任陈知事泽藩呈请,每石减少库平银四钱。本年奉令每仓石改征洋四元四角,比较原征额数增加三分之一。至新垦,于前清宣统二、三两年经青海办事大臣原拨归湟源荒旱地一十二万三千八百七十四亩,定章三年后升科。嗣后因已放垦地多严寒不毛,未能垦辟,经陆续报请委员查勘属实,截至民国十年止,计共豁免荒地四万八百七十亩,实成熟地仅八万三千零四亩,比原额豁免三分之一。又民国十年呈报,已卖校场官产及灰条沟升科垦地二百一十八亩,以上陆续新垦升科旱地计八万三千二百二十二亩,每亩征仓斗粮一升,共征仓斗粮八百三十二石二斗二升,内除地主粮三百三十二石一升六合外,实征仓斗粮五百石二斗四合,至今征如其额,亦无增减及豁免缓征之事。

6.实征数与额征数比较

查湟邑番贡本折及新垦粮石,除百五经费及斛面土验并警察费等已列入附加项下外,其余实征之数与额征数相符。

7.清理办法

湟邑田赋:(甲)田土面积多寡,向来卖买立约,习惯以下籽若干升斗计,不以亩计;(乙)新垦大多数原拨番贡地亩,缘昔日青海垦务局放荒时向承领人给照,而照内所载,约开地若干;(丙)蒙旗王公及番族寺院新垦地亩,名为租人耕种,实则各租户互相卖买契约,不投税于官厅,而投税于各蒙旗王公、番族寺院,是各蒙旗王公、番族寺院不啻以第二政府自居,既得永享地主之权,复得永操经征之权,且该王公寺院得向租户增征粮石，而对于公家则永无增加，官厅均不能过问，此应设法纠正；(丁)斛面土验，原系前清经征官吏浮收之陋规，已于民国二年经县议会及省派委员清查呈报，在民国二年以后之新垦升科即不应再有此项名目。乃查县垣附近之新垦地二百四十一亩，仍加征斛面土验，人民既贸然完纳，官厅亦贸然征报，揆诸法律，岂得谓平？此须明令取消；(戊)百五经费，为部令规定以资经征办公之经费。查湟邑新垦，除县垣附近新垦地亩照章完纳百五经费外，其他属于蒙番寺院之新垦，则向例抗不遵纳。官厅因经征之权历操于各蒙旗王公及番族寺院之手，亦莫可如何。然于县垣附近新垦，既征应有之百五经费，复征不法之斛面土验，而于各蒙番寺院新垦，则五百经费亦放弃不征，同为人民义务，显判又岂得谓平？此应强制履行。(己)前清青海垦务局所发各新垦执照，于民国七年前任陈知事泽藩呈请西宁马镇守使转呈省长，规定由县转饬各垦户，将原领执照呈缴县署，换取新照，而以旧照由县呈赍西宁镇署转赍省署销存，以资清理，而归划一。乃现查各垦户有已向县署换照者，又有挟其蒙番势力，轻视县而径向西宁镇署换照者，事权不一，纠纷滋增，此应清理划一者。以上六项，乃粗举其急应清理之大端。惟湟邑田地，新垦居多，而新垦地亩，又均与蒙番大有关系，欲求清理，应俟青海垦务局成立,切实进行,庶能收顺势利导之效。

8.征收期间

湟邑气候寒冷,秋获最迟,故常年开征之期,恒在旧历十月初旬至十一月始能完竣。

9.管理保存办法

折色征银随时报解;本色粮石,储存仓廒,责成附住斗级保守,并有征解处随时稽查。

(二)税收

税收之征收率、征收额及历年征收增减比较:

1.百货税

遵照财厅百货税章程征收,全年向额征银一千五百两。十二、十三、十四等年征收银一千五百数十两,本年因道路阻塞,仅征收银一千四百余两。

2.契税

买契:每价银一两,征税银六分;典契:每价银一两,征银三分。湟邑每月比较,定洋四十元,全年四百八十元。十二、十三等年长收一倍以上,十四年收仅如额,十五年收能及额。

3.牙税、矿税、烟亩税、屠宰税

均无。

4.印花税

遵章粘贴。湟源新增额月七十元。历年仍系照旧,定比较月销四十元。

5.烟酒税

湟源向无烧锅行，亦不出产烟叶，凡酒自西宁威远堡、烟自碾伯运来，此间分卡，不过验票，毫无收入。至本地烟行三家，每销烟一捆，缴纳税钱五串七百；酩酏酒铺数家，每月各缴税钱五百或八百不等。本年因粮价渐高，即各酩酏铺亦且停止营业，实无历年征收增减比较之可言。

6.牲畜税

湟源畜税向系由本地农商各法团向西宁牲畜税总局分包承办，税率系遵照财厅规定牲畜税则办理，全年额定包规银七百两，每年征收盈余约一二百金。历年无甚增减，其盈余即以支配各法团作办公之需。

7.皮毛税

税率系遵照规定皮毛捐章征收，每年额定银四万二千两。十三年增收银二千余两，十四年减收银五百余两，本年因道路阻塞，至今收数不满万金。

8.邮包落地税

税率系遵照值百抽五新章，全年征无定额。十三、十四等年征收，或二百，或一百数十元不等。本年因道路不通，来源断绝，毫无收入。

9.纸烟特捐

税率系遵定章,征无定额。本年奉文开办,至收入洋约一百元。

10.当税

湟源仅大当三家,别无中小当名目。每大当征洋五十六元,历无增减。

11.磨税

全县旧额旱、水油磨八十一盘条,现增至一百五十七盘条。税率原定每盘条征银一钱五分,民国九年遵章换帖加税,每盘条征洋二元。

12.药材统捐

遵照财厅整理药材税章程抽收,向无定额。调查十三、十四等年,收入不满二百元,本年征收洋四百余元。

(三)杂收

1.契纸

全年典买契纸,约售三百张,扣洋一百五十元。

2.司法

边地词讼简单,讼费、罚金均收入无几。

3.其他各项收入

各行全年陋规:羊屠行钱五十一串文,猪屠行钱三十七千五百文,石灰行钱四千文,石煤行钱四十千零八百文,斗面行钱一百八十九千文，青油行钱三十四千二百文，秋皮行钱一十五千五百文，牛羊尔行市平银十两，山货行市平银二十二两四钱八分，藏番进口规费银六十两，红毛尔进口包驮规洋一百二十元。

(四)机关

除县署征解处外，又有

1.湟源皮毛公卖分所　于民国四年创设，现由马护军使委任该署总务处处长朱绣承办，每月额支经费洋二百元，全年比额银四万二千两。所设县垣东关，收数成绩较昔增加。

2.湟源百货征收局　于民国六年就旧日百货统捐局改设，现由西宁征收局长马典委任调用县知事夏腾骧承办，每月额支经费洋三十元，全年比额银一千五百两。局设县垣东关，收数成绩较昔增加。

3.湟源牲畜税局　于某年设立，现由湟邑农、商两法团向西宁牲畜局包办，无经费，全年比额银七百两。局设县垣东关，历年收数成绩无甚增减。

4.湟源烟酒分卡　于民国六年设立，现由商人王姓向西宁烟酒总局包办，无经费，全年比额银四十两，收数成绩甚少。

5.湟源邮包落地税分局　于民国十二年设立。

6.湟源药材统税局　于民国十三年设立，现均由湟源百货征收分局兼办,无经费,亦无比额,收数成绩甚微。

(五)岁入

1.经常项下

(甲)国家岁入:番贡六成本色仓斗粮二百九十二石零二升一合;番贡四成折色仓斗粮一百九十五石一合四勺,遵照新章,每石折收洋四元四角,共征洋八百五十八元六厘三毫;新垦仓斗粮八百三十二石二斗二升;契税全年定额洋四百八十元,或盈或绌,难以预定。

(乙)省地方岁入:当、磨税洋共三百二十五元;田赋内陋规如斛面土验、串票、百五经费等,共仓斗粮九十七石四斗二升五合一勺,共洋四十四元二角零;各行陋规,除喇嘛衣单一项,须视粮价之高低以定盈余之多寡,难以预决外,其余各项陋规,约共洋二百三十元。

(丙)县地方岁入:学款息洋二千零七十五元九角零;学租仓斗青稞二百石;警款洋约二千元。

2.临时项下

省地方岁入:藏番陋规约洋一百九十四元零。国家及县地方均无收入。

(六)岁出

1.经常项下

(甲)省地方岁出:县知事及各科俸薪,共洋三千九百三十七元六角;公费,洋一千九百七十三元二角五分;征收本色经费,仓斗粮二十五石六斗二升五合一勺;征收折色经费,洋四十二元九角;司法经费内,狱员俸薪及看守工食,共洋三百一十一元六角七分二厘;监犯口粮、盐、菜、棉衣等银,须视监犯之人数多少定之,难以预决;各寺喇嘛衣单口食,仓斗粮三百六十一石六斗;东科寺津贴仓斗粮二百四十石;新垦地主四成仓斗粮成三百三十二石一升六合。

(乙)县地方岁出:各学校共洋三千一百三十元一角四分,仓斗租粮二百石;警款约洋二千四百元。学、警两款,不敷之数由地方筹补之。

2.临时项下

国家、省地方均无,即县地方亦难预算,如有支出,由知事担负之。

三　司　法

(一)法署

边地词讼简单,经费无出,故法署尚未成立,暂由县知事兼之,平均每月民、刑诉讼不满十件。本年无判决死刑之案。司法警察亦未设立,暂以行政警察二十名兼管司法职务。

(二)监狱

湟源向无监狱,系以县署旧日内班房代之。本年奉令建筑,经择定,以狱员衙署改修,因地面稍狭,曾遵照高检厅颁发图式酌量,布置绘图,估计工程,呈赍在案。嗣因奉令指拨修筑,经费无着,尚未动工。现时管狱员一员,看守四名。监犯秦占元一名,原系杀伤罪判决一等有期徒刑十五年,在监有年,善织毛带、毛袜等物,每月贩卖本利约共钱十余串。监犯既止一名,住舍极为洁净,无拥挤污秽之痛苦,每日支粮八合三勺,盐菜银四厘,按月给发。

(三)看守所

系就县署旧日外班房修改,内房舍四间,尚不黑暗。现在押仅防军送押逃兵三名。平日遇有民、刑案件,应行看守之犯,其无家属送饭或无资购饭者,由知事酌给日食二次,按日并饬分任洒扫,以期全所清洁。

查前项看守所原不合式〔适〕,本应从新建筑,祇缘县署地址窄狭,筹款又极维艰,且高检厅有俟西宁道区总监狱修成, 即以湟源新建监狱作为看守所之训令,故暂缓进行。

(四)经费

收入数目:全年额领洋三百一十一元六角七分二厘三毫;监犯应领口粮、盐、菜、棉衣等,应视监犯人数之多少定之。支出数目:狱员月支薪洋二十四元,全年共支洋二百八十八元;看役四名,全年共支洋二十三元六角七分二厘三毫,按月向财厅具领。狱员兼看守所所官,每月由知事津贴洋八元。囚粮、盐、菜、棉衣银两,视监犯人数之多寡支领,无定额。

四 内　务

(一)警察

1.警察官署之组织及警察配置区域、人数

湟源警察所,于民国五年奉令就旧设之警备队改组成立。警察分所长一员,县知事兼任之,警佐兼教练一员,书记一员,稽查一员,巡长三名,巡兵二十六名,杂役一名,暂假狱署为住所。县垣内外,分设东区、西区、东关区、西关区,设岗位五处,每处警兵一名,轮流任职。

2.岁入、岁出经费

(甲)岁入项下:随粮附征警款大钱八百三十九千四百五十文,草束折价大钱一百一十六千文,商户捐大钱二百四十千文, 以上共大钱一千一百九十五千四百五十文,约合市平银四百四十两零;又羊毛捐银一千两零,总共岁入约市平银一千四百四十两零。

(乙)岁出项下:警佐兼教练一员,月薪洋二十四元;书记一员、稽查一员、巡长三名,各月饷洋五元;巡兵二十六名,各月饷洋四元;杂役一名,月饷钱五串六百文;公费每月钱四串文,灯油费每月钱十四串文,临时费全年约洋五十元,军装费全年约洋一百五十元,各种报费全年约洋三十元,冬季石煤大钱二十千文。以上共大钱三百串零,约合市平银一百二十两;共洋二千零六十六元,约合市平银一千五百七十两零。总共岁出约市平银一千六百九十两零。查岁出原额,如警佐兼教练月给三十二串,书记、稽查、巡长等月给钱七串文,巡兵月给钱五串六百文,本年各兵士等因生活程度过高,要求加饷,经县知事召集各法团会议议决,增加如上数。全年以入抵出,不敷之款约二百五十两零,由地方筹补之。

3.救护事项

边地民智不开,常有因细故成忿,服毒自尽者,警察所员、兵,随时讲演开导,俾知自重生命。其他关于应行救护之事,均由警佐随时指挥办理。

4.警察人员之褒赏恤助及职务上死伤人员数目

警察员、兵,除特殊劳绩,由分所长呈请警务处给奖外,其平常劳绩,于或有罚金收入项下酌提给奖。如无罚款,由分所长另筹奖款。至职务上死伤人数,无。

5.检举犯罪

除遇有现行犯,遵章即时拘送法庭外,其他未经控发之刑事犯,亦注意侦察,随时检举。

6.罚款数额、事由、用途

凡犯违警律范围以内之事,依法酌处罚金。边地民气淳厚,人事简单,全年罚款不满百元,或以补助临时经费之不足,或以充作巡兵著有劳绩之奖金,每按年终警察所收入、支出各数,布告周知,以昭实在。

7.警察种类

边邑经费困难,警兵无多,原未分编消防、交通、侦缉各种类之专队,但侦查匪类、辅助司法、清洁街巷、指导卫生等,均由警察负完全责任。现在时届隆冬,尤会同驻防军队及四乡保卫团联防,期无疏虞,而保公安。

(二)自治

现设自治筹备事务所及筹备员一人,与自治讲习科毕业各员极力筹备,进行一切事宜,将本境划为六区,每区设区长一人,以专责成。关于实业、教育、农田、水利各项自治事业,正在筹划进行。

(三)公益

本境人民对于教育亦颇热心,有时捐助巨金而振兴教育,亦有集款平粜以救济贫民者。他如建筑庙宇,修理桥梁、道路等事宜,慷慨输将者亦甚多。

(四)救恤

现筹设平民工厂,使平民入厂习艺;设平粜处,以救济贫民;设通俗讲演所,以感化人民之无识者;设平民学校,教读贫民之无力求学者;养济院,仅乞丐少许,应由平民工厂归并,另筹办理。其余如恤嫠、育婴、济良等各慈善事业,尚未举行。

五　教　育

(一)成绩

1.地方教育行政

本县原设劝学所,为地方教育行政机关。所长一人,劝学员二人,会计、书记各一人,所夫一名。所长热心任职,时履城乡各校苦口劝导,筹添教育基金,各校学生增加二三倍之多,教育基金增至万四千余元,改良学校十余处,此其成效最较著者,今年又创设平民学校十余处。本年七月间,奉文改为教育局,局长仍以前所长委任。

2.学校教育

学校分高、初二级。高级仅城内一校,初级城关及各乡教授合法者计十余校。其余二十余校,形同私塾,尚无成绩可言。

3.社会教育

本县自县长莅任,奉省长训令,张贴报纸,任人阅览,而人民之稍识之无者,无不往阅;又创设平民夜分学校,城乡陆续开设达二十余校,学生数增至六七百人之多,亦见成效;余通俗讲演所,现无相当地点,迄无成立。

(二)学校

1.学校名称

第一区:

县立第一小学校 在城内中大街北,面积二万四千一百四十四方尺。经费:年需薪、杂各费洋一千八百九十六元。学生:高级生六十二名,初级生二百五十三名。原系清副将衙署地址,前县长陈泽藩于民国七年建修,至九年告成,于十月间纳城关高校及初级五校,合并一校。

县立女子学校 在城内中南街,面积四千零九十五方尺。经费:年需薪、杂各费洋二百三十元。学生:初级生三十九名。系原日南义学地址,嗣后改为海峰书院。光绪三十年改设高等小学,因地址狭小,民国五年迁往东关,即是年开设女学。

县立第一初级学校 在东关北小庄,面积八千方尺。经费:年需薪、杂各费洋三百二十二元。初级生九十八名。

系旧日养中义学,嗣改为第三国民学校;至民国四年,新建教室二座,与城内高小校合并;至九年全校复迁城内新校;至十二年复设第一初级学校。

县立第二初级学校　在西关火祖庙东侧,面积六千零四十八方尺。经费:年需薪、杂各费洋二百四十三元。学生九十一名。该关旧有养正义学一处,改设为第四国民学校。民国九年,该校归并城内新校,嗣因该校地址狭小变价,又在火祖庙东侧新建,十三年设立第二初级学校。

第二区:

第一初级小学校　在西乡立达庄,面积三千零二十四方尺。经费:年需薪、杂各费洋一百四十七元。学生四十五名。系旧日义学,民国十年改良。

第三区:

第一初级学校　在西乡池汉庄关帝庙内,面积五千五百四方尺。经费:年需薪、杂各费洋一百五十元。学生五十一名。系原日育英义学,民国七年改设。

第二初级学校　在西乡塔湾庄,面积二千零五十八方尺。经费:年需薪、杂各费洋一百四十三元。学生四十三名。系原日敦秀义学,民国十一年改良。

第三初级学校　在西乡拉石崖庄,面积一千八百五十二方尺。经费:年需薪、杂各费洋一百二十元。学生三十五名。系原日义学,民国八年改良。

第四区:

第一初级学校　在南乡大纳隆庄,面积一千六百八十方尺。经费:年需薪、杂各费洋一百元。学生五十二名。系原日正德义学,民国八年改良。

第二初级学校　在南乡察汉素庄火祖庙内,面积三千一百五十方尺。系原日长善义学,后迁修于火祖庙内,(民国)十四年改良。

2.学生平均年龄等统计

各校学生年龄,十五岁以下,七岁以上。收容力,视各校教授良否为学生增减之标准。

(三)学童

就学儿童,在城关及四乡改良各校合计,男女共七百七十九名;已达学龄之失学儿童,城乡约在二千余人。

失学救济办法:今年奉文,城乡开设平民学校二十余处,计就学者已达六七百人,此亦救济之一法也。

(四)机关

教育局,本年奉文改组,经费四百三十元,主持全县教育行政事项及全县教育经费之收支。

(五)经费

全县教育经费,新旧教育基本银一万五千九百一十元。年收息银二千二百九十一元;每年在义仓息粮项下支打市石三色粮三十八石,按本年市估变价银一千余元;又皮毛店行承纳一成学费银八百元;四乡原有学租粮五十余石。年共收银四千零九十一元,年共支银三千七百八十三元。又本年开办平民学校书籍、笔墨、纸杂及教育津贴洋八百五十余元,共支出洋四千六百三十三元。除收入,尚不敷洋五百四十余元。

基本银由商会与教育局会同经管,除商会不支经费,教育局岁支四百余元。商会长谢珪,"福盛水"商号股东兼经理;教育局长杨景升,系清贡生,前劝学所长。

六 兵 事

清雍正元年,逆酋罗卜藏丹津迫胁番羌犯扰郡属各川,世宗以方略密授太保公抚远大将军年羹尧、奋威将军岳钟琪,声罪致讨,部众应时摧败,逆酋族属擒窜锄诛殆尽,而西海以平,附边番族寺院次第投诚归附,而本境遂隶西宁县版图。

道光三年,陕甘总督长龄以河南野番偷渡河北,大肆猖獗,将青海驻牧蒙古抢掠,派兵剿办,河北肃清。是年,总督琦善剿办雍沙番匪,在察罕托洛亥等处筑城驻防。二十三年,陕甘总督富呢扬阿、甘肃提督周武率官兵逐趁番帐。

咸丰三年,甘肃提督索某剿办拉安番匪。

同治三年,本地"回民辩教大会"杀"花寺",丹噶尔厅同知富亮督同绅民劝捐粮石,修补城垣,城内凿井,纠练勇丁,为城守计。嗣后贼首马文义屡纠大股来犯,而屡破之。青海大臣玉通、西宁兵备道郭襄之谕饬设立局团按，饬发"防堵总局"钤记一颗。四年,岁大饥,同知李海裕、副将王升督同士民,劝捐粮石,设立粜面铺并粥厂,以赈宁属各乡难民及本地贫民,全活无数,嗣历年续行,至十二年始止。是年五月,"大会"回民勾结撒回攻城,内应为变,团勇歼之,内患虽除,而本地防务缘是愈疏矣。十一年,总统刘锦棠、西宁府知府邓承伟将丹城回子尽安插西纳川一带。

光绪二十一年六月,哆吧回匪大头三三,连〔联〕结宁郡东关回匪与东、北、南川各回匪,同时复叛。丹噶尔同知承绪、镇海协副将杨志胜谕饬绅民,设立局团,纠练乡勇,并招募城防护勇一百,胜字马队一旗。次年,河湟肃清,马队、护勇一并遣散,乡勇归农。

七　道　路

(一)东路

出城向东行,入西石峡十里,至石崖庄,蓝占巴支路自北来会按,北向十余里,直达拉沙尔峡;干路东行十五里,经响河尔塘,里〔黑〕沟支路自北来会按,北向十余里,亦达拉沙尔峡;盘道支路自河南来会按,过河南二三里许,上盘道山路;十里许,至速磨石,接西宁县界;干路又东行,二十里至骆驼膊〔脖〕项;二十五里至黄草湾嘴分界牌坊,接西宁县界;由石峡〔板〕沟至暗门,出峡。

(二)南路

出东门南行,过大桥按,即湟水西支,下纳隆支路自西南来会按,其路进纳隆口,西行十里至上膊〔脖〕项,二十里至西叉口,三十里至加麻牙〔加牙麻〕,分二路:迤西十余里至拉拉浪湾,接拉拉路,四十里至棉柳沟卡汛;一路迤东南十余里,循隔板山根至东科寺,接日月山出口之路。干路南行,过蒙古道桥按,即湟水南支,河东曹家沟支路自东南来会按,其路进沟南行十里至曲布炭,二十里至董家脑分水岭,接西宁县大西叉山路。干路复由蒙古道进口,南行十里至冶人庄,过河西十五里,经察汉〔汗〕素卡,二十里至小高陵口,白水河支路自河南来会按,过河进口,五里至白水河庄,经马厂草坂〔坡〕,再东南又二十余里至朔屏山,毗连西宁县青石坂〔坡〕营汛界。干路复自小高陵口西南行,进药水峡,三十里出峡至药水山根,三十五里经药水塘,四十里至克素尔,五十里至东科寺,东科寺支路自西来会按,其路循西山根至日月山卡。干路过河迤东南行,五十八里至窝药卡,七十里至哈拉库图,转而西行,八十五里至日月山卡与青海分界处,又西行百二十里,至察罕托洛亥故城,再西十里至将军台,又西十里至会亭子,过倒流河向西行,约五六十里至青海水滨。

(三)西路

出西门向西行里许,河拉路自北来会按,其路向西北行十里许至大山根,再西北循山路行五里许,与申中路接。干路西行五里至李大庄,拉拉支路自河南来会按,其路向西南行十余里至拉卓奈,二十里至三条沟,三十里至黄毛尔滩,约五六十里至达坂山根,过山属青海界。干路自李大庄西行十里至星泉庄,申中路自北来会按,其路向北行十里,至申中脑卡汛,中〔由〕后沟北行二十余里至水峡,系西宁县界;前沟路东行过山,印〔即〕拉河〔沙〕尔峡,北行至牙壑,盘道至大寺沟柴山,与西宁县分界处。干路复西行,十五里至申中卡汛,二十里至大路庄,阿家兔支路自河南来会按,向西南行十余里至塔尔湾,与上纳隆路接。干线〔路〕再西数里,上纳隆支路复自河南来会按,进口西南行,五里至托思胡,十余里至巴燕吉盖,少东而南,至塔尔湾;再西,至福海庄三稜〔棱〕滩,即新辟垦荒而被蒙番阻挠未成者也。干路又西行,二十五里至转嘴子卡,胡丹度支路自北来会按,其路北向五里至上胡丹度。干路少西,过河至莫尔吉,支路自西南来会按,其路西南行二十余里,至喇嘛托亥。干路西北行三十里至巴燕,福海寺支路自北来会按,循福海寺再北二三里至三角城。干路向西行,四十里至巴燕峡附近黄山剌口,有西界碑,过此为青海界;再西数十里至杨家塔尔,又西数十里至乱泉子,皆塞外地。

(四)北路

出东门向北行,十里至大牙輋,申中山路自西来会;入拉沙尔峡东行,三十里至石墙子卡,接拉沙尔庄,系西宁县界。

按,湟源道路,西石峡原为车马通行之衢。循湟水而南,车行可至日月山卡外;西路亦缘湟水,车行可通塞外;其余多属山路,仅通人马,不便行车。蒙番进出,皆用牛马,虽溪谷险峻,亦能缘以为径。其路之辟塞,无关本邑疏通之局。惟北路拉沙尔峡,遥接大通煤窑,每岁湟人往运煤炭,马驴〔驮〕驮载,往返艰难。若能修凿此路,可以行车,则湟源近来薪桂之苦,庶可慰闾左而便炊爨,诚节流开源之一大关键也。

八　险　隘

西石峡,在县城东五里入峡口,府志所谓"戎峡"。其曰
"西石峡"者,特自郡城言之,沿土人俗呼之便耳。危峰壁
立,南北陡峙,奇石突兀,有虎踞狮蹲之势;湟水湍急,回环
曲折,蜿蜒如龙蛇之夭矫,丸泥未封,一夫当关之险,不一
而足。同治回匪之变,十余年中,其不以东邻为虎者,地利
之功居多。故西宁兵备道鄂云布有"海藏咽喉"之题。而河
南峰峦,白杨、红桦之属,不种自生,可培之森林,二十余里
皆是也。惟响河尔、阿哈丢两处,特称翁郁,远岫烟雨,白云
红叶,宛然画中美景也。前任同知黄文炳有"山高水长"之
句。出峡而东,峰形山色,迥然不侔,陂陀陵夷,非复峡山之
巉岩峻绝矣。称吾邑者,动曰"丹山",丹山,良有以也。

药水峡,在县城南二十里许。山势险峻,峡径盘曲,逼
窄南路,蒙番出入所必由。中间石壁有"水气山喉""辟山开
道"等大字,石上小字甚多,经风雨剥蚀,不可辨矣。

拉沙尔峡,在县城北十里。过大牙壑、三叉口,则折而
东,山间泉水汇集,东流出峡。以水小山平,不及西石、药水
二峡之险。昔年回乱时,宁属西纳川一带贼匪从此路来攻
者,可直达城下。然大牙壑山路陡绝,有朝天之险,易下难

上，丹勇克捷，大有斩获者，以此。

巴燕峡，在县城西三十余里，巴燕庄西北三四里至峡口。峡长五里许，出峡为青海界，海北蒙番从此路进口，西藏番商来湟贸易亦由之，故土人呼为"藏大路"云。

日月山卡，距县城南八十五里，在哈拉库图尔正西十五里。此山为青海、湟源分界处。山之东北，南峰北岭，横断竖接。逾山而西，旷野无垠。番匪轻骑剽劫，风驰电逝，不可复制。故番匪抢掠内地，此山实为南界门户。昔年设卡以为关键，哈拉库图即为后劲，进而防及察汗城，而野番肆扰之患息矣。

白水河脑，距县城南三十余里，其路由白水河庄顺山沟而稍东。毗连西宁县属青石坡营汛、南川一带。昔年番羌扰及南川，即由此路。而同治时宁属各乡回匪亦由此路来犯湟源，团勇尝于此地严斥堠，勤堵御，而南山之藩篱以固。

董家脑，距县城东南十五里稍东，毗连西宁县属东西台界。自蒙古道庄迤东，入口山沟最窄。同治时回匪亦由此路来攻，丹勇邀击于此，尝获克捷。有事时亦不可忽也。

拉拉达坂，距县城西南六十里。山径险峻，便于单骑，由湟赴青海之捷路也。绕日月山大路至青海，可二日；由此路赴青海，一日可到。昔年番匪每由此路侵扰。故拉拉脑一路，添设噶尔、察毛多、棉柳沟、察罕托洛亥各卡，以防番匪。今所添各卡尽撤，而番匪亦或滋扰焉。

塔尔湾脑，距县城西南三十余里。山路逶迤，可由福海庄、喇嘛托亥以达杨家塔尔。此处山多平衍，道路分歧。塔尔湾一带沿边村舍，樵牧、农畜时被劫夺，边民亦互相团卫，闻警应援，邀截尾追，番匪被创，稍为敛迹云。

申中脑，距县城北二十余里，自申中庄东北缘山路行，接连拉沙尔峡。同治时回乱，大股回匪每由此路来攻，故南北各团勇营皆以护援申中为第一要务，厚兵防以保申中，申中全而湟源北方门户始可保也。

蓝占巴沟，距县城东十余里，下石崖庄迤西，此沟北达拉沙尔峡。回乱时游匪尝出入此沟，行路者经此颇受惊恐，各为之戒备焉。

黑沟，距县城东二十余里，响河尔东。亦为由西石峡北通拉沙尔峡之路。西纳川各匪攻扰峡中各庄，每由此沟山路来犯。以上二沟，皆于西石峡防务有关。

窝药沟卡，距县城南五十里，在哈拉库图城北十二里。内地汉人商贾行经此处，每被番匪抢劫入沟，由日月山出口外，无从截堵。沟口虽设有卡汛，亦尝无人。而旷野深山，亦非一二人所能防范周密、制番匪而俯首听命也。

民国十五年冬　知事夏腾骧

青海省湟源县风土概况调查大纲

一　关于疆域沿革

(一)设县年月

前清设丹噶尔厅同知,民国元年十月改湟源县。

(二)名称变更

改厅为县,其旧厅制均废除。

(三)辖境损益

前清宣统二、三两年,经青海庆大臣(庆大臣即庆恕——编者注)奏准放垦,将番地恰卜恰等处划拨湟源升科纳粮。至民国十八年,番地开辟共和新县,又将原属番地恰卜恰等处划归共和县属地。

(四)四至境界

县东至阌门与西宁为界,南至日月山与共和接壤,西至达坂山接都兰,北至石墙子仍接西宁。

(五)纵横里数

纵横计一百一十里。

(六)区村镇堡

查湟源原无区、乡、村、镇等名称,所有各庄不满百户,且极零星,漫无系统。上年遵照自治法规,划全县为四区,并遴选乡镇、闾邻各长,以资联络,而便进行自治。

二 关于种族户口

(一)民族种类

汉、回、蒙、番四族杂居。

(二)各族住地

汉、回两族住县境属地;其蒙、番两族多系游牧口外,时来时去,常年居住内地者,极形廖廖〔寥寥〕。

(三)各族户口数目

回族计三百一十七户;汉族计四千零五十九户;蒙、番两族户口,因其时来时去,不易调查。

(四)全县户口统计

四千三百七十六户。

三　关于宗教风俗

(一)教堂、寺院名称及变迁

美国传教士伯立美于民国十一年承租民人陈广恭房业一处,建筑美国福音堂。现传教士回国,请人留守。本城有金佛寺;城南七十里,有洞渊寺;城西三十里,有札藏寺;福海寺按,一名新寺、上下拉拉寺,均仍其旧,并无变迁。

(二)宗教种类派别

佛教、耶稣教、穆罕默德教。佛教有红、黄两派;穆罕默德教有老教、花寺、新新教等派。

(三)婚姻丧葬

男女婚嫁,年在十五六岁,即为娶嫁之期。先由冰人撮合后,女家许婚,开写各样布匹礼单,送至男家。照单所开购买齐备,择吉送去女家。是日,盛馔以待,与男家书给庚帖,以为婚定之证。至结婚之期,男家备办盛筵,邀请亲朋,择时前往迎娶,或车或马娶回,拜堂入洞房。第二日晚,行铺床礼,亲友等作闹床之戏。次日,男家设筵,女家送妆奁,所有女家亲友无不参加,名曰娘家人恭喜,其人数约在二十余席。七日后,新妇下厨料理食品、羹汤,以酬办理婚事之亲友。十日后,新郎夫妇往女家拜礼,名曰"认门"。至此,婚事始告厥成焉。

凡遇人死,三日后门前悬丧牌,如插屏然,请道讽经齐醮;子孙披麻挂孝,跪灵前哭泣;亲友送礼,吊唁五日,择吉送殡。安葬后,孝子每日往坟,以牛羊粪煨之墓前,不令或熄,百日为止。至斯一往,除三年内每周年特别祭礼外,每年扫墓之礼永久不替矣。查湟源民俗淳朴,一遇庆吊,视为重要之礼,有喜则贺,有丧则吊,有疾趋向,亲亲睦邻之义,友助扶持之风,未敢或后。

(四)服饰用品

城关居民所服,皆以细斜纹布、毛丝布等为之。以国货为最普通,其劣货均不购买。乡民皆衣褐,以羊毛为织褐之原料。近数年日趋文明,亦间有服布者。

四 关于人情习惯

(一)性质职业

湟邑人民半操商业,半操农业。其妇女等,除乡间耘草、刈田而外,再无其他职业。城关妇女近有各种纺织之工作。

(二)生活嗜好

湟邑地居边徼,地瘠民贫,每年全恃番地皮毛入出量数,定市面之盈绌。自近年外侮侵凌,皮毛停销,市面萧条,金融亦极涩滞,加之连年欠〔歉〕收,十室九室商空于市、农困于野,生活几有不能维持之现象。湟人性嗜酒肉,凡遇庆贺以及寻常往来,皆以酒为第一致敬品,而食则以羊肉为盛馔。盖以湟邑与番地接壤,人民半多出口贸易,番民亦杂居,故染番习。县境习惯颇尚番性之手抓羊肉,以大盘盛大块,在座共餐,虽无他菜佐膳,只此酒肉举,欣欣然有喜色。改革以来,烟禁森严,官厅不时宣传拒毒,是以人民嗜之者鲜矣。

(三)饮食居处

湟邑产麦极少,皆以青稞、燕麦为大宗食品,较之他处,粗糙不堪。若遇各节,各户则以手抓羊肉或炒菜数品。至秋间,各家均食羊肉,盖以此时之羊,苗壮肥美,故居民家家食之。饮料,则以牛乳调茶,另加青盐少许,用罐煨滚,尤所嗜饮,比户皆然。其居处均系平房,上盖以土泥之,因湟邑地高气寒,除庙宇外,则无瓦舍矣。城关居民尚称清洁,而乡间则多畜马牛羊,更少清洁,比户皆然。若劝之讲求清洁卫生,免遭疫疾,则瞠目不理,是习惯上之使然也。

五　关于山川象候

(一)山川名称

查湟源四面皆山,最著者曰翠山、日月山、达坂山、河拉山、八宝山、北极山。

(二)山脉形势

查湟源各山山脉,皆系由甘肃绵亘以至西宁按,即青海省城,蜿蜒而达于邻县,其形势则多峭壁,高耸入云,势极险峻。

(三)森林矿苗

城东南二里许,有中山林按,原名沙家林,有杨树数千株按,湟源地高气寒,他树不成,皆属拱把,近年加以培养,生长繁殖数年后,可望成极大之森林。其沿湟河河滩一带,又有沈家林,杨树比比皆是,柳亦有之,但不甚高大耳。城东十五里,有桦林一处,培植护养,甚属稠密,皆系芽条,只可作柴薪之用,其成材者甚少。湟源境内多山,当然有天然之矿苗,特惜无矿师指导,宝藏则弃于地矣。

(四)川流方面

湟水之源,距县城七十余里,由星宿海、乱泉水汇集成湟,流入县城,并南路药水河,归而为一,直流至西宁县境,辗转而入于黄河。

六　关于古迹名胜

(一)碑碣坊表

绅张锡元之元配贾氏,夫故守贞,抚孤子兆瑛、孙焕奎名登武奎,录具事实详报具奏奉准,在城西街建立专坊。又张兆瑛之妻苟氏,承其姑贾氏遗徽,教子孙成名,五世同堂,子孙显扬,其事实亦经奏准,在城东关建立专坊。邑庠生崔得孚之妻李氏,于归未久,夫故,孝媳姑,抚幼子,备极艰辛,孙曾繁衍,四世同堂,寿享八十五岁,无病而逝,详奉学院,颁给"柏舟励节"四字匾额,并奏准建立专坊,入祀节义祠,孙世亨。广西典史王永年之妻刘氏,守贞四十七年,无疾而终,详奉学院,颁给"如竹有筠"四字匾额,并经奏,准建坊,入节义祠。杨生春之妻杨氏,守贞四十八年,详奉学院,颁给"霜筠介洁"四字匾额,并经奏准,旌表建坊。邑增生王明德妻史氏,夫故殉节,奏准建坊。民国十八年,土匪陷城,被焚。胡烈女,民人李永睦聘为继室,未嫁,夫病故,女偕其父往吊,至灵前痛绝,盖预服毒物也。经奏准,旌表,建立专坊。烈女张应梅,许字与南乡佾生谢锡苓,年十七,未嫁而夫故,闻讦自尽,合葬于谢氏之茔。经奏准,建坊,入节义祠。胡得之妻彭氏,年二十三岁,其夫病故,该氏恸夫殉节,禀报经奏准,建坊,入节义祠。

查湟邑早年原属羌人之地,至前清雍正年,罗布藏丹津叛逆,派年羹尧征西,始有此地,故无碑碣。

(二)陵墓壁垒

无。

(三)岩洞矶石

县西三十里有字洞。县南宗家沟有桃尔洞,因洞门似桃,故名。内极宽广,亦透光亮,并无所取。梭力苟、大小榆谷,并无矶石。

七 关于政治实业

(一)警卫自治

县城设有公安局,东关设有分驻所,职员长警三十余名,以维持城关秩序与安宁。县南七十里哈城,为海藏之咽喉,又与番地共和县毗连,极关重要,设立公安分局,以资镇慑。关于自治者,县境共划为四区,城乡分设区公所、乡镇公所、区监委会,并招集区民大会,所有进行自治各项事宜,积极办理,以期自治之发展。

（二）道路水利

查湟源地多山麓，道路崎岖，现经将由西宁经湟源至共和县之道路修理完善。惟恐日久，难免不无被水冲淹之处，县政府不时派员查勘，以期永久宽阔，平坦无碍，汽车可以通行，行人称便。

县境峰峦崟峙，向无水利，惟城垣附郭之水田，借旧有之沟渠以资灌溉。上年议在城西立大庄开渠引水入城，但勘查地势，工巨利微，未能实行。近有乡间按照地势自行开渠引水溉田之家，县府因势利导，人民亦颇知水利之益，数年后必有可观也。

（三）公益卫生

湟源地处边陲，与番地接壤，关于公益卫生素不讲求。各界绅商早年筹款，建筑平民工厂一处，虽筹有基金发商生息，迨民国十八年土匪陷城，各商均被抢掠，因而未得成立。加以近受外侮之影响，市面萧条，金融艰窘，一时难以举办，一俟市面活动，再议成立。上年曾经建筑救济院一处，就原有东岳庙而改修之，工程浩大，因款支绌，迄未竣工，俟有筹款办法，再行继续建修，以臻完善。其卫生一项，湟民与番民杂居，多不讲究，近数年来，经县府督饬公安局，随时指导讲求清洁公共与个人之卫生，并设有牛痘局，以资保赤；又有内地客商不时往来，人民相习成风，渐知讲究矣。

(四)赋税杂粮

湟源赋税,每年额征仓斗粮一千三百七十石六斗五升五合五勺,内新垦仓斗粮八百七十六石一斗八升二合,内地主坐扣四成仓斗粮三百五十石四斗七升二合八勺;又东科寺津贴仓斗粮二百四十石,实在入仓仓斗粮二百八十五石七斗九合二勺;番贡仓斗粮四百八十七石五斗三合五勺;又早年新垦仓斗粮六石,共计实在入仓粮七百八十石一斗八升二合七勺。附收公安经费,每仓升收制钱一十二文。番贡粮,每石收斛验费仓斗粮一斗七升,新垦粮九升六合,百五经费粮五升,此外再无其他附收。年征油磨一百八十九盘条,每盘条年征洋二元,共征洋三百七十八元。当商三家,年共征洋一百四十元。契税一项,向无额收,以人民报税之多寡,尽征尽解。年收各行户漏规洋一百零三元三角五分,年收各牙行年税洋一百五十元。均已化私为公,为地方正当之收入。

(五)司法教育

查湟源诉讼稀少,除设有狱员兼看守所官外,其民、刑各案均由县府兼理司法,每年不过数十案,随到随审,随审随结,并无积压,人民亦无感受痛苦情形。

湟源教育,因交通梗塞,输入文化较迟,以故不甚发达。县城设有高小、初小校数处,女小校一处,各区亦有初小数处。有教育局、教育会,由县府监督指导进行。自民国十八年土匪陷城,发商生息之基金被抢,各商不能按时照付,以致教育经济支绌,进行困难。经县府督饬教育局设法维持,力加整顿,现有蒸蒸日上之泉。一俟地方金融活泼,自当极力扩充,以宏造就而育人材。

(六)工商农矿

湟源地处边陲,工业如木、泥、油、画、银、铜、铁、石等,尚属仅有,第以制作不良,不能受社会之欢迎,出品以售与口外番人为大多数。

至于商业,以外帮客商贩买皮毛者为大宗。本县人民,皆以出口贸易为职志,其他则系市面之商号数十家,近因外侮纷乘,皮毛停顿,市面极为萧条。

农业,因地高气寒,年收一季,不甚发达,一遇风、雹、旱、涝等灾,即成荒年。除产青稞、燕麦而外,麦、豆则多不生产。本县所产之粮,不甚敷用,必须仰望邻县贩运来湟,方能足食。故湟民以燕麦、青稞为食品大宗,食麦面者,绝无而仅有焉。

环境皆山,当然有矿可采,第无矿师指导,宝藏未免弃之于地,殊可惜也。

(七)畜牧屯垦

湟邑境内,尚无专事畜牧之户,乡间或有豢养羊只者,至多不过数十只而已。屯垦一事,近颇重视,省设清垦处,各县设清垦分处,以县长为坐办,督促进行,数年后必有起色,陆续升科,以裕国库。

门源县风土调查记

一　关于疆域沿革

(一)设县年月

于民国十八年七月十三日成立县政府。门源向属大通县北区,称北大通,距县城驾远,且达坂山天险,不便管理。青海改建行省,即于此另辟新县焉。

(二)名称变更

门源境地自隋唐灭吐谷浑后,置米川县(据《西宁府新志》卷七载:"米川县故城在(碾伯)县南,唐贞观中置,属廓州,后改米州。《元和志》云:'米川县西至州一百里',宋王厚云:'沿河西至廓州约六十里。'元废。"与《陕西通志》《碾伯所志》《甘肃通志》所载基本一致。这里系米川县于门源,不知所据——编者注)。至五代时,复为土〔吐〕蕃所据。清雍正初,灭罗卜藏丹津后,设大通卫,置总兵官一员。雍正十三年改设卫治,裁总兵官,设副将一员。乾隆九年迁卫至白塔城按,即今大通县城,此处置游击一员,称北大通营。民国元年绿营裁撤,十八年改建

218

新县,定名门源。

(三)辖境损益

门源向属大通县北区。西至峨博为止,东至克图沟口为止,东西二百余里。南至达坂山顶,北至大雪山根,南北四十余里。自民国十八年改设县治,东部划归西宁县属仙密、(温)朱固〔古〕二寺,西面划归青海北部八宝、二寺滩境地,于是东西境地更增三百余里。

(四)四至境界

门源县境北临大雪山,与甘肃省属凉州、甘州为界;南临达坂山,与大通县为界;东至拉尔架山,与甘肃省永登县为界;西至八宝山,迤西入青海境。

(五)纵横里数

自东境拉尔架山起,西至八宝山止,东西约五百余里。南自达坂山顶起,迤北大雪山山顶止,约七十余里。

(六)区村镇堡

全县自治区域分为五区。自县城西境老虎沟河起,东至尕木龙河止,南临浩门河,北至大雪山根,为第一区。自尕木龙河至拉尔架山,南临浩门河,北至大雪山,为第二区。自老虎沟河迤西,至永安城西北境硫磺〔黄〕水止,南至达坂山根,北负大雪山,为第三区。自硫磺〔黄〕水迤西,至八宝山,为第四区。河南自二塘寺起,东至唐日头山,南至达坂山根,为第五区。第一区共有七村,第五区共有七村,第三区只有三村,第二、第四两区多系荒滩,人烟稀少,间有番族以畜牧为业者。离县城西一百余里有永安城,清时置游击一员,人家数十户,去岁土匪骚扰,居民迁移流亡,现无一家。极西有峨博城,为通甘州之要道,因土匪故,商家、居民亦迁徙净尽。

二　关于种族户口

(一)民族种类

全县民族复杂,汉、回、番、蒙外,尚有土民。

(二)各族所在地

汉族多住在河北第一区一带。回族多住在河南一带。附近番族内分四族:曰兴马那龙族,住老虎沟河迤西;曰新顺族,住加多寺一带;曰向化族,住那龙窝一带;曰归化族,住班古寺一带。

(三)各族户口数目

附近各番族族类衰微,户口甚少,多为汉族所浑化。

(四)全县户口统计

全县汉、回、番族共有二千余户,约计九千余口。

三　关于宗教风俗

(一)教堂、寺院名称及变迁

回民多有礼拜寺。番民信仰活佛,建筑寺院,大半为僧。境内著名寺院有仙米〔密〕、(温)朱固〔古〕二寺,其小者有班古、加多二寺,最小者有二堂〔塘〕寺,西境有角力买寺。各寺院有和尚,多寡不等,皆奉黄教,不娶妻,主清净。

(二)宗教种类派别

宗教有佛教、回教两种。佛教遵〔尊〕崇释迦牟尼,建筑寺院,绘塑佛像,境内各番族及汉民等多信仰之。回教以穆罕默德为圣人,禁食猪肉、烟酒,各村庄设有礼拜寺,所有回族悉崇奉之。

(三)婚姻丧葬

汉族婚姻多系父母主之,着重六礼,与内地相同。回族婚姻与汉族仿佛,但结婚时必须阿訇念经。番族婚姻多用自由恋爱,女年二十以后未有夫婿,亦须挽发,俗谓"戴天头"。

汉族人死后,请道士念经,用棺盛敛〔殓〕葬埋。回族不用棺木,入寺洗身后用白布缠裹葬埋。番族用火葬者,将尸体用火焚化;用水葬者,投尸于水中;用天葬者,置尸体于高原之上,任鹰鹫食之。

(四)服饰用品

汉族、回族服饰与内地相同,妇人多挽高髻。番民则冬夏皆穿皮衣,妇女背坠长辫,盛以锦套,上缀银质图形之盾,镶以珊瑚、宝石之类,富者动以百计。

四 关于人情习惯

(一)性质职业

境内居民风俗敦厚,性质朴素。汉、回及土民多以耕种为主业,以畜牧为附〔辅〕产,间有为商做小本营业者。番民纯以畜牧为业,不事耕稼。

(二)生活嗜好

汉、回民生活大致相同,番民甚为简陋。不论汉、回、番族,多好骑马,间嗜狩猎。

(三)饮食居处

食粮以青稞为大宗,间有食麦者,此外尚有乳饼、酥油,境内居民多酿食之。汉、回、土人皆有房居,番民多用韦鞴、毳幕,以御风雨。

五　关于山川气候

(一)山脉名称及其形势

大寒山　俗名达坂山,距城十余里,在大河之南,壁立千仞,山巅积雪终年不化,自西至东绵亘百余里,为大通、门源之界限也。

祁连山　距城北十余里,与大寒山对峙,惟中多海子,冷龙海其尤著也,以故气候特寒,山阳积雪虽至盛暑色不少变,俗名冷龙山。

照壁山　去县城四里,位于大河之南,巍然如壁,独立一方,直对县城,故名照壁山。

红山　离城东十五里,山麓平原皆良田,昔名此地为红山堡,以此得名焉。

景阳岭　距县城西二百里,居永安之西,形势当阳,山色鲜明,景致绝佳,故名景阳。又相传昔人挖获赤金,其形如羊,亦名金羊。

狮子岩　去县城西北一百八十里,山势峻立,河东有二石峰对峙,其状如狮,故名狮子岩,亦名狮子口。

八宝山　离县城西北二百一十里,居扁都东口,接壤甘州,山中林木畅茂,禽兽繁殖,诚天然之宝库也。其名八宝,有由焉。

沙金山　去县城一百三十里,居永安之北,山峰峻立,多系赤土,下产金沙,故名。

鸾鸟山　去县城西北四十里,山麓有古鸾鸟城。

涌翠山　离县东四十里。

(二)川流名称及其方向

浩门河　发源于祁连山,绕青海西北境,名为乌兰木伦河。流入县境经永安东流,顺大寒山而东至仙米〔密〕峡,入乐都境经天堂寺东折而南,又经连城,西大通之南,折而西出,于享堂峡会于湟水。

卧牛河　发源于八宝山,南流注入浩门河。

沙金河　离县城西北一百三十里,发源于沙金山,东南行六十余里,由口门子西经永安城,入于浩门河。

老虎沟河　发源于西雪山,出老虎沟南流,直入于浩门河。

(三)森林矿苗

八宝山大森林　松柏茂盛,面积广大,甘青两省所用柏木棺料多出于此,然交通不便,贩运不易,致使多材而少用焉。

下峡松林　班固〔朱古〕、仙米〔密〕等处皆有松林,兰香木商亦由水运放,该寺僧等已获其利矣。

照壁山小松林　苍松百株,丛生壁山,但取材甚少,木质又劣,不过为门城风景而已。

卧牛河、沙金山等处都有金矿,然开采不得法,究难获实利焉。铁买、瓜拉等沟都有煤矿,挖之得炭,但气味异臭,矿苗无多。

六　关于古迹名胜

(一)碑碣坊表

县城鼓楼侧有古碑二,一为前清嘉庆十三年张拱辰协台补修鼓楼记事,一为光绪七年修浩门渡船记事。又于关帝庙中有雍正年间创修该庙记事石碑一面。

(二)壁垒

老虎沟口及上达坂阇门都有古日之垒石卡子,再无别种营垒。

(三)名山

祁连山、大寒山。

(四)大川

浩门河。

(五)名胜

花海鸳鸯　海水汪洋十数顷,水波清漾,中含石片,其状若莲。春和景明之时,鸳鸯游泳其间,兴波上下,浮光如镜,一碧万顷,诚天然美景也。

鸾堞翔凤　鸾鸟口古有鸾鸟城,荒城遗迹,今尚可辨。春秋佳日风晴,天末隐隐作声,一曲飞传,山鸟从和,恍若笙簧之幽雅然。

铁桅杆　大寒山之枝对儿山西梁,有生铁桅杆一茎,高数丈,不知何时所植。相传古神二郎者至此时,患大风,拔木摧房,故竖此以压风。年经久远,渐次被折,迄今仅存数尺云。

七　关于政治实业

(一)警卫自治

公安警察三十名,卫护市面治安外,由居民组织保卫团,县城设总团一,四乡分设分团共四处。自治亦有头绪,区公所组织成立,所有一切自治事宜由各区负责办理。再本邑县治新设,实行民权之机会较他县为多,因每月一号召集区长、村长等开行政会议一次,所有行政各事,交会公决处理。

(二)道路水利

本县周围环山,道路崎岖,车不能行,往来他处,只有小路行马而已。再地势陡峻,水流湍急,加之河口多巨石,因此水上交通绝无。至于灌溉田亩之水,平原甚少,引水困难,除引用天然之水而外,从无人力营取之水也。

(三)卫生

县城有牛痘局一所,医生数名,并无医院。至于公共卫生,如清洁街道、疏通沟渠,由公安局注意办理。

(四)赋税杂粮

赋税与各县相同外,尚有各县绝无、门县仅有之出入山税。在外运来货物时,除征收局照章收税外,又上入山税,其率大于征收局。往外运货,纳出山税,其办法如入山。再有粮茶税,由他处运粮或于本地互相买卖粮食时,必纳粮茶税。

粮,此地不出麦、豆,所征之粮只有青稞,再无别色。自昨年改征麦粮,有由他县籴麦而完粮者,全县征粮在仓石共一百九十四石六斗四升七合。

(五)司法

司法官由县长兼任,别无司法机关。

(六)教育

从来因地居边僻,教育非常蔽塞。自县治成立以来,积极振顿,渐渐萌芽。县城设高级小学一处,各乡共立初级小学十处,最近在县城设立女初级小学一处,大有朝气焕发之势。

(七)工商

工业从来不发达。商业前数年尚兴盛,自十七年来,四方多故,交通蔽塞,商人大受影响,商业将有中落之势。

(八)农矿

农业墨守古法,毫无改良,又因地气寒凉,杂草不生,以故习惯上不锄草、不耘苗,所以鲜得良好之收获,此亦一大憾也。虽有金、煤各矿,惜乎无人开采,即或开采,亦不得法,难获厚利,时作时辍而已。

(九)畜牧

此地水草肥美,宜于游牧,所以业牧之人较他县为多,但逐水草而牧,大牧户多赴黄城滩,入甘肃永昌地界。

(十)屯垦

此处荒地虽多,堪以屯垦者甚少,加之连年收成不丰,即熟地多变为荒地,是以无人领垦。

中华民国二十一年四月

同仁县风土概况调查大纲

一　关于疆域沿革

民国十八年四月始建设治区，是年七月，改设县治为同仁县，地点在隆务寺，距保安三十里。此地昔被吐谷浑所据，明季克服，度地筑堡，开东西二门，名曰保安堡，番名"挑家"，番民称十二族曰"热贡"。堡中修衙署一处，置都指挥一员，兵数百名，戍守边陲，控制西番。前清乾隆间，建设循化抚番厅，管理保安十二族番民，改都指挥为都司，隶于河镇十七营堡之内。迨民国成立，营伍取消，改厅为县。现在保安有汉民一百二十余家，皆系遣散官兵。今改保安堡为保安镇，自县治东大欠达强山与夏河县境为界，西至大雪山与贵德县境为界，南至黄河与夏河县境为界，北至清水河口与循化县境为界。东西相距约一百六七十里，南北相距约四百二三十里。

第一区县治街保安镇隆务族：委哇堡、思儿吉堡、曹玉堡、苏乎勒堡、加茂堡、铁吾堡；加五族：沙窠堡、我茂堡、江日堡、岗堡、东玉堡、满仓堡、齐加堡、吉藏堡、多宁堡、牙隆堡、奄中堡、义利堡、色乍堡、曲禾活堡、江隆堡、江什加堡、赛隆哇、牙什当、麻什当庄。

第二区年土户族：拉卡堡、斜拉堡、上修堡、上工堡、郭麻日堡、尕洒日堡；五屯族：火加堡、色家堡、曲麻堡、来亥香堡。

第三区和日乃亥族：上庄、下庄、卓隆堡、者盖日堡、物茂堡、拉卡堡、群务堡、沙卜浪堡、湾车堡、宁他堡；浪家族：牙和庄、加麻塘、麻如庄；麻巴族：东西干木庄、哈拉巴图庄、日沙庄、录项庄、恩沽沐庄；双朋族：拉卡庄、甯都庄、香云堡。

第四区交隆五族：都哇庄、官守庄、西布洒庄、瓜什济庄、贳乃亥庄、斜吾那尔庄、买守庄、古地庄、王家庄；公谷麻三姓、和日四姓，欢去乎丝柔刚拭。帐房番民三五家为一小帮，名曰"区练"，数十家为一大帮，团体甚固，守望相助，以御外侮，此习颇好。

二 关于种族户口

汉地、回民有住县街者，有住保安镇者。务农番民住土房，畜牧番民住帐房，番僧住寺院。汉、回共二百五十户，男女大小一千零八口；土房番民共一千五百六十四户，男女大小四千七百二十口；帐房番民共二千二百七十九户，男女大小六千七百二十二口；寺院僧人大小一千六百四十二口。全县四千零九十三户，男女大小一万四千零九十二口。

三　关于宗教风俗

美国教堂二处，民国十四年建修，宣传耶稣教，每堂留居中国二人布道，入教汉民四五家。回民礼拜寺一处，民国十三年建修，众人请阿訇一名，教授学徒，崇信穆教。番民寺院十八处：隆务寺、曲麻寺、扎生其寺、大江寺、德千寺、宗旺寺、宗卡寺、下庄寺、藏尕滩寺、郭麻日寺、尕洒日寺、年土户寺、瓜什济寺、右藏寺、拉加寺、赛勒亥寺、五屯上寺、五屯下寺，僧人崇信释教。

婚姻先请媒妁作伐，聘定后择日迎娶，汉、回男女十七八岁成婚。男女两家设宴酬客，汉、回相同。番民聘娶少，而招赘多，男女年貌不甚相当，强半男大于女。成婚时，预备酒肉，款待亲朋，极其简单，不如汉、回之丰盛。

丧礼，汉民若父母物故，三日承殓，或三日七日出葬，有请礼祭奠者，有延生道超度者。回民父母故后，以水洗身，不用棺木，只用白布囊盛尸，三日出殡，请阿訇念经，丧家将亡人新旧衣服抬送外家及阿訇，又以钱、财布散来宾，惟念经人所得略多。番民丧礼，无论男女老幼，殁后二日，抬往旷野地方，置尸于土台上，堆磊〔垒〕木柴，亲朋各执油瓶、柏香齐集一处，柏香加于柴中，清油浇于尸上，以火燃之，俟骨肉焚化而散。

服饰，男女多穿皮衣，惟盛暑穿布衣。女人头发擦酥油，梳碎辫，系一布带，长与衣齐，宽四寸，带上拴银碗七个，两鬓挂大耳环一双、珊瑚两串……

四　关于人情习惯

汉、回人民俱系客籍，小小营生，日谋升合，均尚勤俭。惟番民男子性懒，不下苦工，土房运土、发粪、春耕、夏耘、秋获，多由女人操作。每日三餐，阖家团坐灶房火炕沿边，炒面茶馍，夜宿连锅土炕。帐房亦是女人下苦，将牛毛帐房撑于避水之地，宽有土房三四间，离地丈余，四周内堆放食粮各东西，起灶处天棚揭开。女人最勤苦，每（天）早起洗脸，挤牛奶一次，放牛羊后攒粪，早饭后将牛粪抹成方块或圆块，晒干积蓄，以作燃料，打酥油、捻毛线、织毛褐。上午牛回来，挤奶一次，日落时又挤一次。门里左右晚间拴牛犊，门前左右极宽，栽木杆，系皮绳，以为练牛之需。牛圈

(应为羊圈——编著注)有编笆篱者,有栽木栅者。男子嗜好,爱饮酒,骑马负枪佩刀,此其尤彰明较著者也。每日三餐,亦坐火炕沿边,饮多食少,茶足,始拌炒面,(放)一撮酥油。奶子、猪、羊、牛肉为食料。夜间老幼宿帐中,壮者帐外守畜露宿。雨中覆一大毡袄,经宿淋雨不透;雪中覆一大皮袄,积雪盈尺,一抖自落,其不消化者,实因严寒也。

五　关于山川气候

大千达强山山脉由西北来,亘袤千余里,山势崇峻,起伏不一。增得勒山山脉由西来,与大雪山贯络,山形险恶,横亘二百余里。巴颜山山脉与三姊妹山相接,广袤百余里,山形高险。三姊妹山独起三峰,广袤五六十里,山形耸锐。大雪山山脉由西北来,延长千余里,山形峻峭,矗耸云霄,气候极寒,六月积雪。

墨红二水,墨守河发源于大千达强山,于苏乎勒河往北流,入同仁河。则曲河发源于增得山,往东流入于夏河。八曲河发源于巴颜山南,往南流入黄河。茫拉河发源于三姊妹山,往南流入黄河。清水河发源于三姊妹山北峡内,往北流入同仁河。古狄河发源于巴颜山北,往北流入同仁河。

同仁河往北流至循化界赤汗大寺,注于黄河。

气候寒冷,春已暮,而草始生;秋未深,而霜已降。官守、买守有森林,松木、桦木、柏木等皆有。

六 关于古迹名胜

隆务寺院工程俱整,惟有经堂一座,庄严灿烂,门首悬木匾一面,大书"西域胜境"四字,上下款题"大明天启二年岁次壬戌季夏吉旦钦依保安堡防御都指挥捏印献",金字辉煌,宛如新造,足见其爱护保存之心。

七 关于政治实业

县治区中山街、德化街一律修成鱼脊,两边掘渠,使水流通,随时打扫洁净,不许堆积肮脏,以重卫生。

各区堡通行大道,于农隙时派民夫修理,俱臻完善。同仁河礁石甚多,水运木植,若筏排穿运,毫不能行。木商于夏间河水茂涨时,雇水手零放,鱼贯而下。沿河中流多巨石,所以水利不通。

出山落地百货各税,每年所收不过二万元,额粮三百八十七石九斗八升。

有第一初级小学校一处,学生七十余名。

商业,春则买皮,秋则买毛,行商俱系外客坐贾,本地仅有一二往来远番零星小贩谋生者,全赖外客。但春秋短期,大不同于腹内商埠者。由于期短,所以商业不兴。

土房田土无几,农业无由发达;帐房地方宽阔,民智不开,死守旧业,不知开垦,惟知春秋二茬皮毛换粮而已。牛羊虽居多数,死亡相继,较之昔年,大相悬殊。昔日皮毛价廉,今日价昂。又有鄙俗,一家生三子,二子为僧,一子为俗。多有绝烟者,生齿日减,牛羊倒毙,而不自知也,可深浩叹!逐水草以游牧,年深月久,水草颓敝,此天然之淘汰。非拨户开垦实边,则无法挽救矣。

共和县风土调查记

(一)总论

共和县位居西宁南,距省垣二百八十余里。青海毗连于北,黄河横绕于南,西接大河坝,东凭日月山,为玉(树)、都(兰)往来之孔道,西藏出入之咽喉。田地肥沃,水草丰美,大黄之出产甚富,森林之面积亦宽。羔皮、狐皮、狼皮、羊毛为出口之大宗,鹿茸、麝香、发菜、蘑菇为特产之场所。惜自古以来,中原人士多不注意,固未设官治理,文化未辟,民智闭塞,生性强悍,惯作劫盗。其民族之庞杂,语言之纷歧,服装之怪异,居处之简陋,较诸内地实有地角天涯之别。先时居民生活纯系游牧,饮食异常简单,自民国以还,中原饥馑频仍,旱潦不时。由临夏、巴燕、西宁、循化等处内移之杂民日多,从事垦殖五谷,而番民因以知植物之可贵,渐由放牧而趋重农业。以故曩者以肉类为生之西番,最近非面粉则不能充饥矣。惟其生活日渐进步,而凶悍依昔,蛮横如故。自去岁设治,迄今已逾一载,虽经千方百计训导感诱,舌敝唇焦,拼命宣传,而终难变愚为明,化暴使良,所谓

"畏威而不怀德",难于训迪者,诚然。故设治一年,建树毫无,虽愧筹划之不周,而实则乏威力耳。更有望我中原志士格外注意此锦绣河山、青藏通衢,以为开发青海之先锋也,幸甚。

(二)沿革

共和当未设县之先,历代以来原系荒野部落,下郭密虽属西宁,恰布恰虽归湟源,有名无实,管理无人。自民国十八年七月十一日设县以后,西宁县属之下郭密、湟源县管之恰布恰均划归治理,迄今年余,无他变更。

(三)位置境界及形势

地处省会西南。东至日月山,与湟源接壤;西至大河坝,更西则为都兰;南至黄河沿,渡河与贵德分界;北至文博塞什加山,毗连青海。地势西北略高,东南稍低,东西相距约三百余里,南北窄小,最宽处不过八十余里,全县系一长方形。为通玉树、都兰之大道,抵拉萨及印度之通衢。

(四)山脉

文博塞什加山横贯西北一带,原系巴燕哈拉山之支脉。东北为日月山,延绵东下,与下郭密所属之拉鸡山连接,突出于拉鸡山之东。南之小山有二:一曰全其山,横贯于下郭密之尕壤尔江拉一带;一曰郭什则山,位居尕壤(尔)之后,系拉鸡山之分脉。据土人所言,郭密之名即由此山而起。自尕壤(尔)西上,横贯于南北之小山触目皆是;又西为管家大山,东为下郭密,越山即为中郭密;更西为瓦尔观山,乃文博塞什加山之支脉,横贯于中、上郭密之间。余则小山,遍布于全境矣。

(五)水道

全县河流最大者为黄河,自县属西南之尕尔马羊曲入境,带绕南边,蜿蜒东流。正西沙珠玉河自西北向东南流,注入于尕巴大连海中东北部。倒淌河自东南向西北流,潴于青海。北有恰布恰河,自西北向东南流,经上郭密之曲沟等庄,入于黄河。正东有龙冲河,自甘家大山之东麓发源,初自西向东,嗣曲折而南,经和尔加庄流入黄河。其余无名小水,则遍布全境。

(六)幅员方里

东西较长,南北窄狭。纵横里数,东西三百五十余里,南北八十余里,面积二万四千余方里。

(七)民族

全境民族,有蒙古族、西番、汉人、回民、龙哇番等之别。蒙古族及西番皆系帐房,多以游牧为生;其余均住土房,多以务农为业。现在西番强悍,蒙(古)人懦弱,所有水草丰美之土地,先时完全系蒙古人之领土,近多被西番所侵占。二族人民仍分部治理,番族游牧地区约占全县五分之四,蒙古族不过五分之一云。

(八)物产

全县羊毛产额最多,羊皮及各种野牲皮亦复不少,他如鹿茸、麝香、大黄、蘑菇为数亦夥。至于五谷、蔬菜等物,上郭密及下郭密之和尔加、阿石贡等处俱全。上郭密沿黄河北岸一带,天气温暖,五谷、菜蔬、瓜果皆有,惟以新辟区域,产量不若下、中郭密之丰富云。

(九)交通

全县道路分为两大段:第一段由县属曲沟起,沿恰布恰迤东之东巴庄至日月山,约百余里,地势平坦,为玉树、都兰往来之大道,西藏大河坝出入之要路。现正修筑,不日竣工,汽车大车均通行无阻矣;第二段自恰布恰起至大河坝止,亦可通行大车,道现又加以修筑,汽车往来,崎岖之虞,以此无阻。小道分为二段:第一段由瓦尔观山起,至倒淌河滩止;第二段自瓦尔观山起,至下郭密止。惜居民稀少,将来修筑,单骑仅能行走,而大车则不易通行云。

(十)实业

蒙古族与番族占全县人民百分之九十以上,皆以游牧为生。其少数之汉人、回人、土人及龙哇番,多恃务农为业,其他实业则付缺如。

(十一)气候

县属东南一带濒临黄河,气候温暖,五谷俱成,瓜果菜蔬皆备。西北一带气候较冷,农产物除青(科)〔稞〕、菜籽、燕麦外,别无他物。文博塞什加山之巅,虽时属溽暑,亦积雪不消。

(十二)城市概况

县治设于上郭密之曲沟大庄,向系乡村,并无城垣街市。县府暂设于千户住宅,院小屋少,颇有挤碍之患。

(十三)林垦状况

全县森林位于黄河岸者最多,他如下郭密之孕壤(尔)、江拉等处,中郭密之甘家大山一带均有,面积统计约有四百余里〔方里〕。至于垦殖,近几年来到处间有举办,然或缺于水,或迫于寒,荒野虽多,垦者稀少。其外,灌溉便利、种植咸宜之荒壤,多系蒙番王公、各酋长所霸占,一言开垦则竭力反抗,一言种植则万方抵御。封建残余若不根本铲除,垦政终难进行也。

(十四)境内之特别组织

县治当未设以前(之)全县部落:蒙古族之组织自王爷以下,有乡老、红牌各小头目;番族自千户以下,有百户、乡老各小酋领,以分掌各部落事务;至于回民、汉民、土民、农哇番等,在何部者则听其部落酋领之指挥。自设治以后,为实现地方自治起见，将全县划分为六区七乡二十八村，他若里、堡、屯等，则付缺如。

(十五)教育

县治未设以前，因系荒野，无所谓教育，而番民赖以识字者，多由各寺院读念佛经而得，其所识文字纯系藏文。惟下郭密亦杂石城当民国八年时，曾设立蒙番初小一处，后仍停办。自设治后改为县立第二高级小学校，全年经费洋四百元，由上、下郭密分担，内并附设初小一处。恰布恰之加拉大庄旧有初级小校一处，现仍恢复原状，全年经费洋四百元。今为提倡教育计，又在县附近曲沟大庄筹设县立第一高级小学一处，内亦设初级小校一所。县西之沙珠玉亦新设初小一处。教育局当去岁设治后亦行成立，惟以地址无定，款项无着，进行均万分困难云。

(十六)风俗习惯

婚姻丧葬　婚姻完全自由，男女当未婚之前纯系自由恋爱，经双方同意后，始各通知其父母定婚期、送彩礼，以便成亲。惟最奇异者，例如某家有女子年已及笄而良偶尚无时，其父母必使之向天拜头……

至丧葬之制，分天葬、水葬、火葬、土葬、金葬之别。天葬即将死人送至荒野，任老鹰食去。而老鹰不食时，必请喇嘛念经，将死尸用刀砍碎，仍弃原处，任豺狼分食，是为金葬。水葬即将死人投于水中，使其水冲鱼食。火葬将死人用火烧燃成灰时，将灰置于土中，筑成四方小墩，永远纪念，此类葬法若非佛僧、千百户、王公，则不能用之。最近中原人民日多，而番民亦有效土葬者。以上〔土葬〕葬法均由和尚、喇嘛决定，并请和尚、喇嘛诵经，若至葬期，必脱去衣服，赤体而葬，绝不似中原之穿好衣服、戴好帽也。

服饰用品　衣服装饰，汉、回略似中原。蒙、番均着长袖、大领之皮袄，偏袒露背，头带尖顶帽，腰束大带，足登〔蹬〕皮靴，腰带大刀、小刀。而男子大小均不蓄胡，及至二十岁以后，腰间必带拔胡小撮〔镊〕，将胡根本铲除。其女子所着衣服与男子大致相同，惟不穿裤子，不带大刀，头发披散，三五根一纽装于红黄布袋内，名曰"辫套"。

日常用品　除自卫器械枪、刀、剑、矛及生活用品羊肉、炒面、酥油、酸奶、去〔曲〕拉、打拉、茯茶而外，别无特殊他物耳。

生活嗜好　番民生活极行简单，每日除饮食两次外，必荷枪持刀至郊野牧畜或猎取野兽，或歌唱番曲。至其嗜好，最喜乘快马、持利械、打仗斗殴。身着衣服以红、黄、紫、赤为上色，蓝、黑、青、白等为下品，又喜戴礼帽，喜着皮靴，喜饮酒，爱吸烟。较之中原，则大不相同。

饮食居处　共和所属民族，房屋多系帐房，土房最少，高楼大厦又属罕见。食品以羊牛肉、炒面、酥油、曲拉、奶茶、麦面等为主要,至蔬菜瓜果之类,除郭密一带产生而外,其余均无,而番民等亦不喜食,惟最喜饮奶乳。居荒野,处帐房,卧草滩。此外,汉、回、土民等饮食、居处大致与内地相同。

(十七)户口

西番纯系帐房,户口不让调查,约计三千余户,每户平均以四口计算,计一万二千余口。龙哇族约五百余户,每户以四口计算,计二千余口。藏(蒙)古族约三百余户,每户以三口计算,计九百九十余口。土人最少,确计二十四户,人约八十九口。汉民详查二百九十家,人一千三百七十口。新来之回民五十六家,人一百四十五口。全县户口统计,帐房、土房共计四千二百七十户,人一万六千五百九十余口。

(十八)人物

居民多系蒙、番……知识简单,性情强悍……至于忠、孝、信、义、节、烈人物,未曾一闻。又以无历史记载,即或有之,亦无书籍参考,又无立祠纪念,故有关人物一项,实难洞悉。

(十九)艺文

地方文化未辟……除番民遇有聚会时男女身着彩衣,

头戴木制之假面具跳舞唱歌以外,别无他焉。

(二十)粮茶及赋课情形

粮茶局由财政厅直接委人包办,全年征款约在八百元左右。至于粮赋,旧有大粮市升四十九石五斗一升六合,新加粮为市斗一百一十五石,然全数未曾收获。此外,种种杂税则付缺如。

(二十一)水利

黄河自县属西南尕尔马羊曲入境, 至县南之五里等地。河低岸高,不能灌溉。以下至县南之曹多龙,如能设水机, 亦可灌田。其他如恰布恰河, 自北向南流注于黄河,(上)郭密所有之田地,皆赖此水灌溉。余如各部之无名小水,均能自然灌田,惟水势极微,灌田不多云。

(二十二)寺院庙宇

全县寺院有五,庙宇仅一。例如下郭密尕壤(尔)白马寺和尔加寺,中郭密豆浪之德清寺、千不立族之千不立寺、恰布恰之新寺等是也;至于庙宇,仅上郭密曹多龙庄之文昌庙一处。

(二十三)关隘津梁

县属西南之尕尔马羊曲,为四川松潘、茂州商人及黄河等处往来之渡口。下郭密和尔加对岸,是贵德、西宁、共和往来之渡口。中郭密之撮那庄,位近黄河渡河,系贵德南乡之一部。除贵德与和尔加之渡口有船只来往浮渡外，其余桥梁既无，船只缺如，所赖以渡河者，牛羊等皮筏耳。恰布恰地居县治北部，为玉树、西藏往来之孔道，亦即全县交通之枢纽也。惟日月山为由西、湟入共和之第一门户，至县北之柳稍〔梢〕沟，则两山夹道，较为险峻也。

(二十四)古迹名胜

古迹一层，亦付缺如。惟(上)郭密县治迤东约五里许，有古城一座，原名菊花。瓦尔观山之南端，又有三姊妹城旧址三处。县西之切吉，亦有旧城一座，惜时久年远，番野尚无历史，乏书参考，建于何年何代，不克明悉。

(二十五)土官名称及所辖人民数目

统计全县千户有六，即千不立千户、阿苏乎千户、尕壤尔千户、上郭密千户、独秀千户、祈家千户。王爷有三：(一)镇国公班马旺扎勒；(二)辅国公棍布札布；(三)二十台王爷林心王吉勒等是也。彼等均系帐房，户口皆不让调查，人口故不能确知。

(二十六)杂录

番民……智识简单……遇事只顾目前，不管结果。眼前偶受小侮，即拔剑而起，挺身而斗，虽牺牲一切，亦在所不惜。否则事无巨细，若予以小利施以联络，彼以为受大恩大德矣。此外喜交游，善酬酢，来往交涉言语若投，不顾其他，所谓"认话不认人"者是也。又喜好枪,爱犬、马,例如出差办公人员若乘好马、持精枪,非遥望迎近,即瞠目吐舌,而所办之事,亦迎刃而解矣。反之,即茶水亦难到口,遑问其事之成也。所谓番民"畏威而不怀恩",益信此言之不谬云。

中华民国二十一年五月十二日

共和县风土概况调查大纲

一　关于疆域沿革

(一)设县年月

民国十八年七月十一日。

(二)名称变更

县治当未设立之先,原系荒野部落,及设县之后,西宁县所属之下郭密及湟源县所属之恰布恰划归治理。迄今一年,无他变更。

(三)辖境损益

原有面积二万四千方里,现无损益。

(四)四至境界

东至日月山,与湟源接壤;西至大河坝扎索拉为界;南至黄河沿,与贵德县分界;北至文博塞什加山,毗连青海。

(五)纵横里数

东西三百五十余里,南北八十余里。

(六)区村镇堡

县治初设之际,所属均系部落。及设治后,为实现地方自治起见,将全县分为六区二十五村,至于镇、堡,则向付缺如。

二 关于种族户口

(一)民族种类

全县民族有西番、龙哇番、蒙古族、土人、汉人、回民之别。

(二)各族住地

西番住县属之倒淌河、日月山、柳稍〔梢〕沟、尕海岸、切吉、阿苏呼、大河坝一带;龙哇番住于恰布恰一带;蒙古族住于拉贡麻、二什台、倒淌河一带;土人杂处恰布恰、上中下郭密一带;汉民住亦杂石、大唐庄、曲沟、加什达、曹多龙、哈汗图亥、次汗图亥、阿一亥、油房台等处;回民住于口毛底、苏呼拉、开才等处。

(三)各族户口数目

户口,西番族纯系帐房,户口不让调查,约计三千余户,每户平均以四口计算,计一万二千余口。龙哇族约五百余户,每户以四口计算,计二千余口。蒙古族约三百余户,每户以三口计算,计九百九十余口。土人最少,确计二十四户,人八十九口。汉民详查二百九十家,人一千三百七十口。新来之回民五十六家,人一百四十五口。

(四)全县户口统计

统计全县帐房、土房,共计四千二百七十户,人一万六千五百九十余口。

三 关于宗教风俗

(一)教堂、寺院名称及变迁

全县寺院有五,即白马寺、合尔加寺、德清寺、千布立寺、新寺,向无变迁,惟教堂则付缺如。

(二)宗教种类派别

……

(三)婚姻丧葬

婚姻完全自由,男女当未成婚以前纯系自由恋爱,经双方同意后,然后始各通知其父母,定婚姻,送彩礼,以便成亲。惟最奇异者,例如某家有女子年已及笄而良偶尚无时,其父母必使之向天拜头……

至丧葬之别,分天葬、水葬、火葬、土葬、金葬之别。天葬即将死人送至荒野,任老鹰食去。而老鹰不食时,必请喇嘛将死尸用力砍碎,仍弃原处,任豺狼分食,是为金葬。水葬即将死人投于水中,使其水冲鱼食。火葬将死人用火燃烧成灰时,将灰置于土中,筑成四方小墩,永远纪念,此类葬法若非佛僧、千百户、王公,则不能用之。最近中原人日多,而番民亦有效土葬者。以上〔土葬〕葬法均由和尚、喇嘛决定,并请和尚、喇嘛诵经,若至葬期,必脱去衣服,赤体而葬,绝不似中原穿好衣服、戴好帽也。

(四)服饰用品

衣服装饰,汉、回类似中原。蒙、番均着长袖、大领之皮袄,偏袒露背,头戴尖顶帽,腰束大带,足〔蹬〕登皮靴,腰束大刀或小刀。而男子大小均不蓄胡,得至二十岁以后,腰间必带拔胡小撮〔镊〕,将胡根本铲除。女子所着衣服与男子大致相同,惟不穿裤子,不带大刀,头发披散,三五根一纽,装于红、黄布袋,名曰"辫套"。

日常用品,除自卫器械枪、刀、剑、矛及生活用品羊肉、炒面、酥油、酸奶、去〔曲〕拉、打拉、茯茶而外,别无特殊他物耳。

四 关于人情习惯

(一)性质职业

西番生性强悍……全县人民因教育不发达,脑筋极形简单,惟思想单纯,信仰力最富。职业,则西番纯系游牧,蒙民、龙哇、土人、汉民、回民半耕半牧。惟除蒙民外,亦间有业工经商者。

(二)生活嗜好

番民生活极行简单,每日除饮食两次外,必荷枪持刀至郊外牧畜或猎取野兽,或唱歌番曲。至其嗜好,最喜乘快马,持利械打仗斗殴。身着衣服以红、黄、紫、赤为上色,蓝、黑、青、白等为下品,又喜戴礼帽,喜着皮靴,喜饮酒,爱吸烟。较之中原,则大不相同。

(三)饮食居处

共和所属民族,房屋多系帐房,土房最少,高楼大厦又属罕见。食品,以羊牛肉、炒面、酥油、曲拉、奶茶、麦面等为主要,至菜蔬、瓜果之类,除郭密一带产生而外,其余均无,而番民等亦不喜食,惟最喜饮奶乳。居野荒处帐房,卧草滩。此外,汉、回、土民等饮食、居处,大致与内地相同。

五 关于山川气候

(一)山川名称

位于县境北部者有文博塞什加山,依北有日月山,东及东北为拉鸡山、全其山、郭什则山、管家大山、瓦尔观山等等。位于县南之河流为黄河,正西有沙珠玉河,东北有倒淌河,正北有恰布恰河,正东则为龙冲河。

(二)山脉形势

全境群山环绕,岗岭起伏。西北及正北之文博塞什加山,原系祁连山之支脉,接连而东迤者为日月山,南迤者为瓦尔观山,更东为拉鸡山,绵延三百余里,为东北及正北与西北一带之屏障。而瓦尔观山、日月山,尤为由湟源入共和必经之门户也。

(三)森林矿苗

全县森林位于黄河两岸者最多,他如下郭密之尕壤(尔)、江拉等处均有。当未设治前无人管理,任人砍伐,近迷出示禁止,以资保护。统计有三百余亩。

至于矿苗,县属之大河坝以西有金矿,惜未开采。若铜、铁、煤等矿,则属缺如。

(四)川流方向

黄河由西向东,倒淌河由东南向西北,龙冲河由北向南,恰布恰河由西北向东南,沙珠玉河由西向东流入注于达连海内。

六　关于古迹名胜

(一)碑碣坊表

共和在未设县之先,原系番野。详查此项,则付缺如。

(二)陵基壁垒

县属全境陵墓罕见,惟上郭密有古城旧址一处,俗名菊花。在瓦尔观山之南端,又有三姊妹城旧址。东巴村亦有古城遗址一处。县西之切吉亦有旧城一座。惜番地向无历史,现已时久年湮,究系何时所建、何人所筑,均无可考。

(三)名山大川

县北之文博塞什加山、瓦尔观山,县东北之日月山,正东之拉鸡山,为全境最有名之大山。县南之黄河,则为全境最巨、最有名之大川。其他无名小水,则遍布全境。

(四)岩洞矶石

县属各部山脉、岗岭,纯系土质,绝少石类。至于峭岩悬壁、巨洞名穴,均属乌有。此外,各河流所经之地,土多石少,故矶石等物亦属缺如。

七　关于政治实业

(一)警卫自治

全县共划分为六区二十五村。每区委区长一名,惟因县治初设,区长仍由各千户、王公兼任;每村委村长一名、牌长若干名,会同各区千百户、王公秉承县政府命令,办理全县自治事宜。关于警卫,兹因新县始设,进行不易,现业由县治附近第一区组起保卫团六团,每团各置团总一名,由县府直接指挥。至于警察,现有三千余名,偶一有事,则警团联为一气,一致剿匪御乱。将来办理妥善,依次而推及全县,而完全自治之县,逐渐可以告成。

(二)道路水利

全县大道分为二段:一段由县治曲沟起至日月山止,一段由恰布恰起至大河坝(止)。小道分三段:一段由瓦尔观山起至倒淌河滩止,一段自瓦尔观山起至下郭密止。惜向未设治,均未修筑,现拟招集民众从事修建,而民众则拔帐远飏,疲顽抗固。然若县治根基巩固,自可逐渐进行也。

水利,除黄河自县属之孕尔马羊曲入境,至县南之五里等地,河低岸高,不能灌溉外,以下至县南之曹多龙若能设置水利,亦可以灌田。其他若县属各部之无名小水,均能自然灌田,惟水势均极微弱,灌田不多云。

(三)公益卫生

新县初设,一切公益事业、卫生机关尚未举办。将来县基巩固,始可渐渐推行。

(四)赋税杂粮

一切赋税始行创办,除向有粮额共计仓石一百九十三石二斗四升,新加粮市斗共计一百一十五石外,毫无收入。

(五)司法教育

民刑诉讼由县府兼理,未设司法机关。至于教育,自设治后始组织县府教育局,相继而举办者有一、二高级小学校二处,一、二、三、四初级小学校四处。

(六)工商农矿

工业,仅有裁毛之制造及木匠、铁匠、小手工业者。商业,仅有零碎小商贩卖布、茶。至于团体工商,尚属缺如。农业者,仅有少数之中原难民及龙哇土番,其余西番完全以游牧为生活,不知农业为何物。矿产,则尚未开采。

(七)畜牧屯垦

县属全部民众,业游牧者十居八九。惜牧法笨拙,不知改良。现县治已设,而中原人内移者日多,可耕之田现已逐渐垦殖,即番民亦渐知植物之可贵,相沿日久,而屯垦之事亦可以日见发达也。

青海省贵德县风土调查大纲

一 关于疆域沿革

(一)设县年月

贵德之设县治，自民国二年六月改同知为县知事，民国十六年将知事改称县长，十八年通令各县改为县政府。其汉、番民刑事(案)件，在未设立司法分所以前，暂归县府兼辖。

(二)名称变更

隋唐以前为西羌地，后属吐谷浑、吐蕃，尚无名称。元至元年间设贵德州，属吐蕃宣慰司，以贵德峡而得名。峡在共和县为界，西宁至县治必经此峡，故以名县。是为有名称之始，寻又废之。明洪武三年，征西将军邓愈统兵征吐蕃，覆其巢穴；至九年置守御所千户，名为归德；十三年筑土城，属河州卫，隶陕西行都司。至清乾隆四十六年，始改归德仍为贵德。此名称之沿革者也。

其时，番、汉各事，皆隶武官管辖。前清顺治时，设置守备,雍正时改设都司,乾隆时为游击,均只有武官。乾隆三年贵德所改隶西宁府;二十六年添设西宁县丞,是为文武兼辖之始;五十七年设贵德抚番同知,尚属文武兼辖。民国二年改同知为县知事,文武分治,番、汉民事,遂完全统于文治矣。此职务之沿革变更者也。

洪武时筑土城,拨河州汉民四十八户处之,临城附近授以田亩,免其租税,责以守城,不另给饷,是为民兵之始。清乾隆四年,生齿渐繁,加以拣选,得民兵一千二百九十四名。至光绪初元,民兵地亩除水冲沙压,减去一百九十八名,划地亩拨归河阴书院,又减去三十名,仅存一千六十六名。分为三哨十八队,设民千总三员,以统领之。民国十年,民兵地亩奉文标卖,民兵遂裁。此又民兵之沿革变更者也。

(三)辖境损益

县治东北滨黄河,南大雪山,西所属番族,均系天然界限。此次虽设新县,而辖境仍旧无甚损益。

(四)四至境界

东至浪主古山,距县城二百六十里循化县界;南至大雪山,距县城一百八十里同仁县界;西至竹笆林,距县城三百六十里青海界;北至黄河,五里隔河为共和县界。

(五)纵横里数

东西横六百二十里,南北纵一百九十里。面积总数一十一万七千八百方里。

(六)区村镇堡

县境北抵黄河,仅东、西、南三乡改设第一、第二、第三区。每区设区长、助理各一,正、副乡长各一,监察委员三,闾长八,邻长四十。城关编为三镇,每镇设正、副镇长各一,监察委员二,闾长三,邻长十二。

城关南乡、周王屯为第一区,所属北门内外为第一闾,孙家台为第二闾,张家沟为第三闾,中庄为第四闾,聂马家为第五闾,童家为第六闾,周王屯为第七闾,揽角为第八闾。

第二区所属东庄为第一闾,下罗家为第二闾,工麻为第三闾,党扬庄为第四闾,工麻巴为第五闾,东山坎卜拉为第六闾,康、杨、李为第七闾,多加、昂拉为第八闾。

第三区所属郭拉为第一闾,下毕家为第二闾,邓家为第三闾,石家槽为第四闾,大户为第五闾,东车为第六闾,汪什果为第七闾,拉乙亥为第八闾。

城内为文启镇,东街为诚正镇,西街为协和镇。第一区南乡为阜民乡,第二区东乡为启明乡,第三区西乡为长康乡。城内城隍庙设第一区区公所,东乡马家庙设第二区区公所,南海殿设第三区区公所,老祖庙设阜民乡乡公所,周家庙设启明乡乡公所,郭拉庙设长康乡乡公所。第一区有乜家堡、王屯寨、周屯寨。第二区有康家寨、杨家寨、李屯寨。第三区有黑城堡、瓦家堡。

二 关于种族户口

(一)民族种类

贵邑城处极边,种族复杂,惟汉族十分之四,番族十分之五,回族十分之一。

(二)各族住地

汉族住东、西、南三乡,土番居三沟,下山野番居南、西山后,回民杂居城关及康、李、杨三屯。

(三)各族户口数目

东、西、南三区住户四千四百二十二户,人数一万九千零二口。此外有外国人男二、女一,设福音堂一处,专为传教。黄教僧人一千三百六十名,红教七百三十五名,道教五名,汉、番尼姑三十一名。第三区按,系土番东车族三百五十户,拉乙亥一百二十户,汪什果一百八十户,野里哇四十户,揽角三百一十户,工麻巴二百一十二户,东山族一百零四户,坎卜拉一百四十户,多加尕布族三百二十户,红毛卡四百户,昂拉族六百户。

此外,帐房十七(族):鲁仓族一千零一十户,完受族二百四十户,尕加族九十户,达仓族八十四户,上切查族九十五户,阿打逐乎勒族八十八户,妈什干木(族)五十户,日安工麻族二百二十户,茶乃亥族七十户,日安休马族一百二十户,阿曲乎族七十户,笃休族五十户,下切查族六十八户,刚查族一百五十户,兴义族一百五十户,乌隆族三十户,沙沟族三十一户。此帐房番族也。

(四)全县户口统计

统计汉、土、番、回九千八百一十四户,约计四万二千六百八十六口按,土野番每户以四口计算。

三 关于宗教风俗

(一)教堂、寺院名称及变迁

神召会一处按,即耶稣教,民国十六年自行撤消〔销〕,再未恢复。现存福音堂一处按,即耶稣教,清真寺一处按,系回教。佛教方面:黄教有加莫寺、木千寺、瓦家寺、官壮寺、阿铁寺、完受寺、产郡寺、扎仓寺、石加寺、毕加寺、乜纳寺、拉扎寺、晒尔加寺、朗扎寺、揽角寺、周屯寺、加卜查寺、格亥扎寺、铁哇寺、你尔寺、工巴寺、尕旦寺、麦隆寺、尕布寺、塔勒寺、国巴寺、昂朗寺、桑主寺、恩古录寺、阿哇寺、结思丁寺、迭禅寺、尔损木寺、官晒寺、香毛且寺、更藏寺、色勒寺等三十七寺;红教有却莫寺、边都寺、安俊寺、古朗寺等寺,皆自昔相沿,毫无变更。

(二)宗教种类派别

黄教信宗喀巴,为番民最所崇奉,寺院颇多,佛僧、喇嘛亦众,汉人亦对于此教颇信之。此外,有回教,城乡约计三百余家。又有福音堂,系外国人传教,邑人从之者现有二十余家。

(三)婚姻丧葬

男女联姻仍遵古礼,唯招赘之风甚〔盛〕行。聘礼用银二三十元,色布十数匹,妆奁则长短棉衣、夹衣、洋绸及布衣服七八件,多不过十五六件,首饰数件,均用银,无用金者。亲友往来送礼亦皆崇俭,受礼者宴客以羊肉为主,非至豪富,无以海珍为席者。

丧葬尚俭,殓埋从速,无久停柩。相地各情事、庆祝交际,大略与他县普通之习等。番民联姻,亦有聘礼以马牛为聘,贵者十余匹,下亦二三匹,最下亦一马、双羊。然番有女,往往赘婿于家……番俗又好歌、好酒,凡遇佛会或欢聚时,男女互唱番歌,跳舞、豪饮为欢。又其人死,即负弃山野,令鸟雀食之,又或燃火焚尸,无棺殓埋葬之风。

(四)服饰用品

行政机关、学校、党部等,均着武装便服。居城及附近男子衣尚长袍,乡间多短衣者。女子则尚纯着长衣、顶青手帕,无论城乡率皆一律。其衣料以布为之,丝缎甚少。唯无缠足陋习,诚自立之天足会也。首饰有耳坠、贯赞,均系银质,重者不过一两。番服尚红色,下多纵缝,亦有着长服者,领大而宽。而原料必其番织之毛褐、氆氇,用内地衣料者如斜布等,特极少耳。至冬则完全着羊皮衣,然亦有贵贱之别。贵者加面,贱者不加面。女子概长衣,与男同。男女皆履皮靴。女天足,头梳发辫数十,总装于背后,用布制辫套。番贵族首饰多用珊瑚、琥珀、玛瑙、珲璨、密蜡之属,普通亦用海螺。项下常挂符箧,铸以银,作方形,刻花痕,重者十余两,男女皆然。

四　关于人情习惯

(一)性质职业

汉民多务农或营工业,皆朴实习勤。惰者尚不过三五耳,其性柔和,革旧从新,文化与新知识岁渐进步。番民习勤,畜牧、狩猎外,多事耕作,唯其性强悍……无革旧从新之毅力,今者开设蒙、番学校,提倡教导,虽如此行,总觉积重难返。

(二)生活嗜好

近番生活尚类满人,畜牧、狩猎为业,唯吸鼻烟,饮小烧酒。汉民则终年务农,间有营商者,嗜好方面多饮熟茶者。

(三)饮食居处

食料:汉民以麦面为主,间有以青稞磨炒面者。番民则以羊肉、酥酪及青稞炒面为主,或猎取野马、牛、羊、鸡、兔及其他兽类等食之,而衣其皮或以之售于市。若麦面,则食之者极少。人民有病,多求神佑……汉民住房屋,番民住帐房。

五 关于山川气候

(一)山川名称

县属四面皆山。在东者为东山、郭兔山、驻马山、仙迹山、六娃山;在西者为汃珈山、尔多拉山、山〔三〕泉山、即〔郎〕缠山;在南者即石门大山、莫却山、刚咱山按,又名大雪山、龙池山、涧山;在东南者为五拃山、果卜扎山、圆柱山、寒塘山。其中最高者唯刚咱、龙池二山,每山高万尺以上,其余各山高低不等,而即〔郎〕缠与圆柱二山,其半壁插入青海境,诚天之所限番夷者也。

(二)山脉形势

县境东西长，南北狭，如秋叶形。黄河由青海入内地，自本县西南流，东入循化县境，为县北天然之界限。而东、西、南三面皆有大山环峙，亦天然之界限。县境内有东、西二河，东河发源于龙王池，西河发源于郭纳泉，两支分流，北入黄河。境内平原少，山地多，亦番地之要口，边防之重地。

(三)森林矿苗

县城迤西竹巴林，面积一万余亩，松柏十分之三，杨柳十分之七。城南野里哇林，面积一千亩，松树十分之四，柏树十分之三，杨树十分之三。城东东山林，面积五百余亩，松树十分之四，杨树十分之六。城东坎卜拉林，面积七百三十亩，松树十分之七，杨树十分之三。城西拉乙亥林，面积五百余亩，杨树十分之四，毛柳十分之六。城南官庄林，面积二百余亩，松树十分之四，杨桦十分之六。城东北麻巴林，面积二百五十亩，毛柳十分之七，杨柳十分之三。城西乜纳林，面积一百三十亩，毛柳十分之九，杨柳十分之一。森林而外，无他种矿苗。

(四)川流方面

其川则黄河、东河、西河、北流河、恩古河、暖泉河、清水河、三盆河。唯黄河最长，通过县治北境，自西至东，凡六百余里。其次,东、西二河,自南至北,凡一百七八十里,即入黄河。两河下游两旁田地,赖其灌溉。黄河在境,向无水患。

六　关于古迹名胜

(一)碑碣坊表

李润禄,本县人,前同知承顺以其忠实可靠,遂由科书而升会计,优礼相待。润禄感其知遇,愈益谨慎,凡钱谷出纳,无论取民、奉上,丝毫不敢苟且,同知愈益爱重之。及同治六年,邑有回匪变乱,同知合门殉焉,上峰不为题奏,润禄负承氏家谱扣〔叩〕阍,为同知申请。朝廷以无甘督题奏疑有别,故润禄再三扣〔叩〕阍,朝廷为下其事于甘,甘督奏复,乃赐同知"勤愍",敕建专祠。城内勤愍公祠,本县同知甘时化所修,实润禄所扣〔叩〕阍而请得者也。民国五年,陆县知事祖武叹润禄忠义,呈请转呈褒扬,大总统为颁"义士可风"匾额。刘正伦,慷慨好义,周恤孤寡,不遗余力,乡里称为善人。魏顺兴,读书笃行,不乐仕进,乡里有事,力为排解。久之,里中之事,一投魏顺兴,则自愿退让,故人以王彦方比之云。

龙羊峡石刻在城西,字迹模糊,不知所始。论者谓明洪武九年,吐蕃所部州城邀阻乌斯藏使者,掠其辎重,复以邓愈为征西将军,往讨之,愈兵为三覆其巢穴,穷追至昆仑山,斩首无算,获马畜一千余万,刻石记名,遂置贵德,所留马军五百,守卫此土,谓是此刻。然年代未远,剥落当不若是之速,意者元翰林侍读学士潘昂霄奉命探溯河源,归而勒其记于此乎?观其《河源记》云:河"至贵德州,地名'必赤里',始有州治官府"。又云:"世言河九折,彼地有二,自乞马儿及贵德州必赤里也。"《郡志》(指《西宁府新志》——编者注)云:"乞马儿今在塞外贵德州,即所治也。"黄河入中国,自县治之龙羊峡始。当时甚重河源,而龙羊峡又河水入口,汹涌澎湃之区,故为此石刻之碑碣也。

(二)陵墓壁垒

明怀远将军邓愈墓在县城西南十里,其地名刚拉湾。

世袭指挥同知长略号〔字〕结峰墓在县城西铁西山。

九曲在县治西南,唐天宝中,哥舒翰收复九曲番族,即此九曲也。

南山在县治南,一名石门大山。明总兵官尤继先破海寇卜列宗塔尔于石门大山,即县治之南山也。

明洪武三年,征西将军邓愈统兵至莽拉川。万历二十四年,青海诸酋复掠,番族将窥内地,临洮总兵刘綎、部将周国柱御之莽拉川。

注,舆地者皆谓川在县治西南,今考其川为青海扎萨喇嘛插〔察〕汉诺木〔们〕汗地界,并不在县治,康敷镕《青海调查录》亦如此说。盖当时县治诸番外属青海,蒙古内隶,各寺院喇嘛,岁纳添巴香粮,人遂以贵德为青海之属地。其后鉴于罗卜藏丹津之乱,将贵德收归西宁,插〔察〕汉诺木〔们〕汗仍归青海,断其肩背,青海始弱,是莽拉川为青海地,非贵德地名,明矣。

(三)名山大川

龙池山在治南百里,上高险绝,下有湫池,周三十余丈,其深莫测,能吐纳云雾。苍松夹岸,向水澄渟,自下望之,似常有仙人跨鸾鹤翱翔于其上,吴越天姥不是过也!县西一百九十里木格塘,东西宽一百六十里,南北长一百五十里,其塘虽巨,不能种植五谷,黄沙遍地,人迹罕至。

(四)岩洞矶石

龙羊峡在治西七十里,黄河至此峡水最湍急。自峡以下,经过城北东流三十里,入松坝峡。内有处水自高而下,悬崖矶石、势如下奔,巨浪翻腾,不能行舟,故本地出产皮毛等货,难获黄河舟运之利。此外,无岩洞之称。

七　关于政治实业

(一)警卫自治

公安局一处,系普通警察。设局长一员,月薪洋二十元;巡官一员,月薪洋一十元;督察一员,月薪洋八元;书记一名,月薪洋五元;事务员一名,月薪洋六元;巡长三名,每名月薪洋五元;警士二十五名,每名月薪洋四元;清道夫二名,每名月薪洋三元。岁支薪饷、服装等费,共计洋二千五百六十八元。由商会筹助洋一千零二十元,随粮带征洋一千零二十元,河税洋三百六十元,店捐洋七十五元,屠宰税洋九十六元。

县政府设政务警察,正警长一名,月薪洋八元;副警长一名,月薪洋六元;教练一名,月薪洋六元;警目二名,每名月薪洋四元;警兵二十名,每名月薪洋三元。每月共洋八十八元。每年单、棉制服五十套,费洋三百元。全年共计薪饷及服装等洋一千三百五十六元,由全县民众负担。

县治分为三区,每区设区长各一员,每员月薪洋六元;助理一员,月薪洋四元;书记一名,月薪洋二元。乡镇长、监察、闾长无薪水,办理一切自治事宜。

(二)道路水利

河北距城五里,正东康、杨、李三屯距城一百六十里,西南乜家堡距城七十里,正南乜提山距城六里,西南瓦家堡距城四十里,野里哇距城七十里,正西汪什果距城一百六十里,正西刘屯距城十里。赴番地者,皆有大山阻隔,可通骡马,实难通车。

其水利,有东河总渠,分支十二:乜家渠、周屯渠、揽角渠、王屯渠、东乡渠、上高渠、达子渠、查义渠、郭拉渠、教场渠、官渠、东庄兴渠;西河总渠,分支四渠:野里哇渠、东车渠、刘屯渠、罗卡渠;浪哇沟按,即坎卜〔布〕拉总渠;下山李家河总渠,分支二渠:李屯渠、宝下藏渠;康杨家渠,分支二渠:康屯渠、杨屯渠;尕卜沟按,即尕卜总渠。境内因地势平坦,以上各渠颇称灌溉之利。

(三)公益卫生

本县僻处边番,地方瘠苦,公益事项多付缺如。至于道路、桥梁,尚称便利。救孤恤嫠,尚待进行。卫生事业仅牛痘局一处,公安局兼卫生一切事宜。其余医生自行医病。本地气候适中,传染等病多不流行。

(四)赋税杂粮

屯科水地九千六百六十一亩六分四厘,每亩征仓斗粮五升零五勺一抄, 共额征粮四百八十八石零六升零一勺。

每石加收斛面粮二升四合,斛底土撒验粮五升,共加盈余粮三十六石一斗一升六合五勺。三乡水地九千四百四十亩零五分三厘,每亩征仓斗粮五升零五勺一抄,共征仓斗粮四百七十七石六斗九升一合。每石加征盈余粮七升四合,共征粮三十五石三斗四升九合一勺。

官产水地四百八十四亩二分,每亩征仓斗粮五升零五勺一抄,共征仓斗粮二十四石五斗零六勺五抄。每石加征盈余粮七升四合,共征粮一石八斗一升三合。

番贡水地二千五百三十一亩五分五厘,每亩征粮二升五合;又番贡旱田三千三百一十亩一分四厘,每亩征仓粮一升。水旱共征仓粮一百三十四石三斗七升六合一勺,每石加征斛面粮五升,土撒验粮六升,共征盈余粮一十四石七斗八升一合三勺七抄。番贡皮马变价全数粮六石二斗八升四合四勺。

以上共征正杂仓斗粮一千二百一十九石六斗九升九合零四抄。

(五)司法教育

民国十一年县署改组司法公署,由知事兼理司法事宜,并设管狱员一、看守役四、检验吏一。(民国)十六年知事改为县长,仍兼司法,唯民刑案件极少,故仅设行政警察三十名,以备催收粮款。又县府头门迤西设看守所二处,男女各一,历年管押人犯亦少。所内有天窗、门窗、土坑、板地,打扫清洁,所中间有看守所室、警察室三间。

教育方面设教育局,置县督学一(处)、民众学校一处,又高级小学一处、初级十四处、女子初级一处。此外,有同仁学校一(处),蒙番学校、县署中山学校各一处。其社会教育有讲演所、书报社、天足会等。

(六)工商农矿

县城内设平民工厂一,分毛编、纺织二科,原料采用羊毛,资本筹有经常款,每年约三百元。此厂成立于民国十五年九月,现因无款停止。此外,各工业皆私家经营皮靴,原料均由县属番地运来,银钱各物由省外运来,工作各业人数约计一百三十九人。出产品一半售于本地,一半售于番地。其皮毛一宗,往往发售天津、上海等处。

民国三年八月设立商会一处,有正副会长各一、会董六,营业为皮毛、茶、布、洋绸、杂货、山货、油、酒等类,经商人数一百八十二家,山西、陕西及导河人居多。至茶、布等货,由西宁、兰州及天津、四川运入,半销本地,半运番地易换羊毛、羔皮等类。

农产谷类则有小麦、大麦、青稞、大豆、豌豆之属。菜蔬则有芹菜、萝卜、红白纽子萝卜、白菜、莴笋、黄瓜、胡荽、韭菜、沙葱、菠菜、蘑菇、柳花菜之属。果品则有桃、梨、椒、杏、苹果之属,而椒、梨尤为县属之特产。谷类收获量共约计市石一万一千五百石,每亩平均地价洋六元。豆、麦、青稞供县食,稍形不足,唯果尚可输出西宁,以换青稞,约可得三四百石。农会地址在县城之北隅关岳祠,设立于民国十五年五月,内有职员一十二名,正副会长各一,现已移设关外。农事试验场设立石坡苗圃,种植各项麦、豆、蔬菜等类。特产果品花椒、大黄、蓖麻、蘑菇、发菜、柳花、金针、木耳等,均销运于西宁,唯大黄、发菜销于天津、北平等处。每年输出大黄约三万斤。此外,又产狐皮、狼皮、猞猁、鹿茸、麝香等,均销售于外省。

矿产尚无。

(七)畜牧屯垦

马、牛、羊三种之内,马四千九百七十五匹,每年生殖约五百匹;牛一万四千零八十三头,每年生殖约一千五百头;羊二十一万零三百头,每年生殖约十万头。牧场均在番地,皆番民经营。马每匹均值银三四十元,牛每头均值银十七八元,羊每只均值银三四元。每年出产羊毛一百二三十万斤,每百斤价银十二元上下。羔皮生产八九万张,每张平均值银一元。皮毛生货由番民售于本商,运转汉口、陕西、天津、上海等处售销。

屯垦:距城七十里野里哇有荒地一处,共计九千余亩;

加卜查、高红崖荒地二段，共计一千亩；永药马厂一处，共计六百八十余亩。因地在番地之内，不易招垦，仅野里哇自民国十四年开田亩，已升科纳粮十七年。垦民逃亡，荒粮四石二斗七升九合。其他各荒土质为中下等。惟永药马厂可耕旱田，其余均皆灌溉。刻下已设垦务分局，着手办理开垦矣。

中华民国二十一年四月　县长　张祐周

玉树县风土概况调查大纲

一 关于疆域沿革

(一)设县年月

玉树系由前清雍正年间收抚,为西宁属。至民国八年冬月,宁海镇守使马(即马麒——编者注)设置理事公署及理事员,协助防军,治理民事。迨至民国十八年八月七日,青海省政府主席孙(即孙连仲——编者注)改设为县政府及县长名目,今仍其旧。

(二)名称变更

前清时代称为玉树二十五族。民国八年有理事公署之名,十八年有玉树县之名。

(三)辖境损益

自前清雍正年间至今,全玉树辖境仍旧,既无损又无益。

(四)四至境界

本县东至常乌拉山为界,南至囊谦解曲水铁桥为界,西至游守拖西当拉大山青藏大路牙壑为界,北至巴颜喀拉山为界。

(五)纵横里数

东南常乌拉山起，西北至当拉大山青藏大路牙壑,约共计八百余里。西南自囊谦解曲水铁桥起,东北至巴颜喀拉山,约共计一千二百余里。

(六)区村镇堡

玉树全境纯系番民。历任以来,未曾划分区域、编制村堡,今仍以各族旧名呼称。

二 关于种族户口

(一)民族种类

玉树全境世居民人纯系番族,更无别民族。其他汉、回各族惟来往玉树作生意等事而已。

(二)各族住地

玉树番民住居地点,如阿米录哇、永夏哈那、斜武等族住于县城东部。囊谦、拉秀、三中坝、三格吉、苏莽等族住于县城南部。游守、姜赛、百户录哇、宗吉、牙拉等族住于县城西部。安冲、古刹、称多、年错、白力登麻、白力买马、(白力)秀麻等族住于县城北部。札武、迭达、普群、拉达等族住于县境中部。

(三)各族户口数目

囊谦族约计一千二百余户,拉秀族约一千户,三中坝约六百户,苏柔族三十余户,上格吉族约三百户,下格吉族约五百户,苏莽族约三百五十余户,姜赛族四百五十余户,百户录哇族约三百户,宗吉族三百二十余户,牙拉族一百五十余户,迭达族约六百户,安冲族约三百户,古刹族一百三十余户,称多族一百五十余户,上、下年错族一百七十余户,白力登麻族四百二十余户,白力买麻族一百三十余户,休麻族约二百户,阿米录哇族一百三十余户,永夏哈那族约四百户,斜武族一百三十余户,札武族约一千户,普群族三百三十余户,拉达族约三百户。至各族丁口,因番性刚愎,作难颇多,历任未曾调查。

(四)全县户口统计

全县所属族分各户约共九千四百户之谱,至丁口尚难明其数。

三 关于宗教风俗

(一)教堂、寺院名称及变迁

玉树全境别无教堂,纯系佛教。其较大寺院如苏莽寺、拉秀隆群寺、囊谦郭且寺、囊谦才就寺、中坝隆卡寺、札喜寺、作清寺、尕沙寺、觉当寺、安冲寺、邦纲寺、年错赛卡寺、称多寺、尕藏寺、东冲寺、竹节寺、拉那寺、邦寺、东哈那寺、斜武寺、拉布寺、结古寺、禅古寺、班千寺等。自昔至今，并未变迁，其余零星小寺尚难详举。

(二)宗教种类派别

玉树全境民众纯信佛教，闻内有黄、红、白之别，亦不过大同小异，统名谓之佛教。

(三)婚姻丧葬

边番婚姻，迥异内地。除千百长尚有正式结婚外，其余多系自由野婚，且不论尊卑。间有二男一妻，殊为可消。

丧葬：人死之后，弃尸于高岗峻岭，听其鸟飞餐，名曰"天葬"。

(四)服饰用品

衣服纯系大领。装饰贵重者，妇女以腊珀常系发际，至珊瑚佩戴颈项，男女同有。而服装、用器，富者多以羔裘、氆氇；贫者均以羊皮、细褐为大宗。

四　关于人情习惯

(一)性质职业

番民性情好强,爱合群,故团结力尚固,且体格能耐劳。

职业:有务农,有畜牧,有作贸易,至木工、铁工等,虽有亦不甚多。

(二)生活嗜好

民人生活多系游牧,少系农业,间有依贸易者。

嗜好:爱骑马,喜游猎。

(三)饮食居处

番民饮食多以川茶、乳酥、炒面、曲拉、大米、蕨麻、牛羊肉等。

居处:务农者居土房,畜牧者居牛毛帐房。

五　关于山川气候

(一)山川名称

县境之内,东有常乌拉山,南有格尔吉山,西有当拉大山,北有巴颜喀拉山,中有结古大山,此其最著名者;其余各山不可胜举。川,查玉树无此名称,故付阙如。

(二)山脉形势

巴颜哈喇山〔巴颜喀拉山〕山脉系出于新疆南原,绵延数千里,形势崎岖。格尔吉山山脉出于西康阿克达木山,形势峻峙,虽至炎夏,积雪弗消。结古大山山脉出于县境哈秀,其势层峦,峻峰削壁,如哈秀最高处,夏月,川下降雨,山顶降雪。当拉大山山脉出于新疆勒科尔乌兰达布逊山。

(三)森林矿苗

距县南三百余里大山苏莽地方,广有森林,惟交通梗塞,载运不易,运售者亦无多。矿苗,苏莽地方产生盐矿,其色赤白,较之海盐相差甚远。再如皎拉口矿、年错金矿、巴塘煤矿等,据土人传说因无开采方法,尚未实现该矿利益。

(四)川流方向

县属休麻族北有星宿海,为黄河发源之水。西北发来通天河,即为长江发源之水。西有扎曲河,即为澜沧江发源之水。北有紫曲河,即为鸦〔雅〕砻江发源之水。

六 关于古迹名胜

(一)碑碣坊表

玉树设县未久,番俗习惯年代已远,且自昔至今汉族鲜有居住,故碑碣坊表,均付阙如。

(二)陵墓壁垒

玉树未设县以前,纯系番族习惯相沿,即千百户长者死后,亦作天葬。且玉树为海南边地,在昔军事鲜闻,故陵墓、壁垒遗迹罕有。自设县以后,因边防重要,结古之地建设军事部署,环山筑有碉垒,颇为玉树全境形势胜地。其余囊谦、苏莽极边之地,更有分筑营垒。再结古河西约二里许地点,年来戍边,军政两界之人殉节毙命不少,均埋葬是地,坟墓垒垒。每年玉树当道者追悼一次,名曰"义塚"。

(三)名山大川

县属北有巴颜喀拉山;西有当拉大山,最为驰名之山。余如格尔吉山、常乌拉山、结古山,殆其次也。大川,玉树无此名称,故付阙如。

(四)岩洞矾石

岩洞:县南塘有石山,名白昂麻山。形如削壁,其崖势穹窿,宛似房舍,俗呼"白昂麻洞"。内刻画石纹,颇为美丽。据土人言,唐代时有朝内亲属李氏因公赴藏,道经彼洞,重兴匠工云云。

矾石:闻张博望昔日西探河源,至星宿海,回时有携去矾石之事。查星宿海,县属休麻族北境海边沙碛中恒多彩色碎石,殆矾石之类也。其余因番俗相沿已久,无从访查,故付阙如。

七　关于政治实业

(一)警卫自治

玉树设县未久,兼因番俗习惯,警政进行颇难,尚未大见扩充。

自治:番俗相沿,各族旧有团结力,服从公家自治各族。至划分区域,编制乡镇、村里事项,因番性锢蔽,尚未举办。

(二)道路水利

道路:县北过结古大山、通天河、休麻滩、巴颜喀拉山,为通省大道;东北过通天河、斜武沟、哈那川,为通康属石渠路;东过巴塘川、常乌拉山为通康属邓科大路;南过巴塘川、大小苏莽,为通昌都大路;西过三中坝、三格吉、铁锁桥,为通西藏大道。而自常乌拉绎、巴塘、格吉、中坝等处,尤为川、藏商旅常相往来之通道。

水利:因居民多牧少耕,且气候寒冷,尚未举办。

(三)公益卫生

边番性情好强,故有妨精神气力。不良食物相染、嗜好者恒不多见。至操练体格、洗浴衣服等事,因知识未开,并不知讲究。惟设县以来,所有市街、村巷,比前尚属洁净。

(四)赋税杂粮

自设县以来,务农者有完纳之地粮,游牧者有完纳之草税,为商者有完纳产销之各税。

(五)司法教育

玉树设县未久,民、刑事(案)件多由各族百户长处理,如有重大民、刑事案,方禀县府并司令部,协该头目办理。教育,自民国十一年结古立有初级小学,故教育尚属幼稚时代。

(六)工商农矿

全县居民,工人很少,经商者十分二三,务农者十分三四。至矿务事项,除苏莽居民间有举办食盐外,其余各矿因居民无认采能力,故开办者均系阙如。

(七)畜牧屯垦

境内居民畜牧者有十分七八,故生活多依畜牧。至屯垦之民,恒属寥寥,近来应耕地点居民渐有从事开垦。

都兰县风土概况调查记

一　疆域沿革

(一)历代沿革

都兰县位于青海之西。本《禹贡》西戎所居,殷、周皆属西羌。汉属张掖、武威等郡。王莽置西海郡,筑五县,边海烽燧相望。后汉、魏、晋均属诸羌。继又为吐谷浑所据,隋初平之,置西海、河源等郡,旋复为其所有。唐初佛教盛行,吐蕃灭之,由是信佛成俗,宋代仍之。元属贵德县。明为西番地,正德四年,为蒙古部酋所据,名为海寇。清初,有蒙古厄鲁特顾(实)汗者,自西北侵有其地,遣使通贡,封"遵文行义敏慧"。藏族多被戕灭或远徙黄河南部,其留存者陷于奴隶地位,反向蒙古纳租支差。康熙间,既平噶尔丹,台吉札什巴图尔等咸来朝内附,封爵世袭。雍正元年扎什巴图尔之子罗布藏丹津作乱,既平,乃分别从逆编制藏族为二十九旗。自是蒙人之势力渐渐衰弱,前远徙河南之各藏族,又均仍来游牧于环海各地,谓之环海八族。千户以上要千户一人,百户以上要百户一人,不及百户者要百长一人,各由西宁卫夷情衙门发给委牌,准其世袭,奴隶制度自是解除。民国仍之。

(二)设县年月

马前护军使(即马麒——编者注)设置理事署于都兰寺,实为设县之先声。惟设治以来,始因蒙藏同胞游牧为生,对于政治无深切之认识,又以经济及事权所限,历任官员未能大加设施,是以十余年来政绩毫无明显进步。(民国)十八年夏,炳麟奉令调查县治,曾遍历海西各处,对于县政事宜,切实开导,并勘定县治地址应改建希里沟按,参阅青海丛书调查报告编。

(三)名称变更

都兰于(民国)十九年改县后,王前县长振纲即于希里沟建设县政府,而名称仍无变更。只以事未克竣工,于二十年秋八月全体人员相率离去。无知愚民还以为王县长既去,县治即可取消,于是大加摧残王前县长苦心所经营之县府及水磨,自是概遭毁损。

(四)辖境损益

(民国)二十年冬,炳麟奉令承乏,因感种种困难,延至二十一年春三月始克到县,乃鸠工修理,暂住都兰寺。初至此间,农业未兴,粮食缺乏,县府人员几于无法支持,随带驻军给养更感困难。加以辖境未定,行政毫无所思,村舍寥落,满目尽属荒凉,言念及此,殊堪浩叹。乃定期召开各旗联欢大会,藉资联络感情,并面商一切要公。而于开垦、筑房诸事宜,尤为再三晓谕,以冀其觉悟,改善生活,与内地各民族得同一之进步,是炳麟之厚望也。都兰自民国八年设理事署以来,辖境无所损益。

(五)四至境界

查都兰县境向未勘定,行政上极感不便,乃派员调查县境四至,步量里数,以确定辖境之面积,而便行政设施。费时三月之久,略具大概。计东北以大通河源与门源分界,东至克拉牙壑与湟源分界,(东南)以沿海东岸海南之哈图其沟与共和县分界,南以星宿海为界,西南以巴颜哈〔喀〕拉山与玉树县分界,西至噶顺山口及勒科尔乌兰达布逊山脉与新疆分界,北以祁连山与甘肃分界。

(六)纵横里数

查都兰东西约一千五百余里,南北约九百余里,截长补短,全县面积共约六百七十五万方里(此处有疑——编者注)。

(七)区村镇堡

查都兰人民尚系游牧生活,并无区、村、镇、堡之设,兹为行政便利起见,现拟划全县为十五行政区域,即一、和硕特西前旗游牧地按,俗称为青海之王旗;二、汪什代海族按,为八大族之一游牧地；三、铁布甲族按，新自千布录分化者游牧地；四、刚察族按，为八大族之一游牧地；五、察汉诺门罕族按，俗称达布禹白佛游牧地；六、都秀族按，八大族之一游牧地；七、和硕特北左翼末旗按，俗称察卡王；八、和硕特西后旗按，俗称柯柯王；九、和硕特北左翼末旗按，俗称可鲁沟贝子兼盟长；十、和硕特北右翼末旗按，俗称可鲁札萨克；十一、日南族按，自循化南甘家滩来者；十二、香日得按，班禅游牧地；十三、和硕特西右翼后旗按，俗称巴伦札萨克；十四、和硕特西左翼后旗按，俗称宗家札萨克；十五、和硕特西右翼中旗按，俗称台吉乃尔札萨克。

二 种族户口

(一)民族种类

查都兰境内除少数营商之汉、回外，余全系蒙、藏二族。蒙(古)族有十旗：一、和硕特西前旗按，即青海王旗；二、和硕特北左翼末旗按，即察卡王旗；三、和硕特西后旗按，即柯柯王旗；四、和硕特北左翼右旗按，即可鲁沟盟长旗；五、和硕特北翼末旗按，即可鲁札萨克；六、和硕特西右翼后旗按，即巴伦；七、和硕特西左翼后旗按，即宗家；八、和硕特西右翼中旗按，台吉乃；九、班禅游牧之香日德；十、察汉诺门罕旗按,即达布禹。藏族有五族:一、汪什代海族;二、刚察族;三、铁布甲族;四、都秀族;五、日南族。

(二)各族住址

蒙旗有十,多住于县境之西北。一、青海王旗住察汉脑儿一带;二、察卡王旗住察卡一带;三、柯柯王旗住塞什克及柴达木儿力代乃一带;四、可鲁沟盟长旗住柴达木、德令哈、郭而毛、怀头他拉、大小柴旦、下而哈锦、塞什堂、玛海等九处;五、可鲁札萨克住柴达木库尔鲁克;六、巴伦旗住柴达木巴伦一带;七、宗家旗住柴达木毛柴胡;八、台吉乃旗住柴达木台吉乃儿一带;九、班禅游牧香日德地之民族住香日德;十、达布禹旗住伊克乌兰河一带。

藏族有五,多住于县境之东及环海一带。一、汪什代海族住海西北隅及甘肃之敦煌;二、刚察族住海北;三、铁布甲族住海南;四、都秀族住海南;五、日南族住引得勒。

(三)各族户口数目

和硕特西前旗有帐房一百五十户, 土房二十余户;和硕特北左翼末旗有帐房七十余户,土房十余户;和硕特西后旗有帐房二百余户,土房十余户;和硕特北左翼右旗有帐房一千五百余户,土房一百余户;和硕特北右翼末旗有帐房五十余户;和硕特西右翼后旗有帐房二百余户,土房十余户;和硕特西左翼后旗有帐房二百余户;和硕特西右翼中旗有帐房一千二百余户；香日德有帐房二百余户，土房十余户；察汗诺门罕旗有帐房五百余户；汪什代海族有帐房四百余户；刚察族有帐房一十户；铁布甲（族）有帐房二百余户；都秀族有帐房七百余户；日南族有帐房三百余户。

（四）全县户口统计

查都兰蒙旗共有帐房、土房四千三百一十余户，每户以四口计之，共约有一万七千二百四十余口。藏族共约有帐房二千六百余户，每户以四口计之，共约有一万零四百余口。总共蒙、藏二族有帐房六千九百余户，约合二万七千六百四十余口。

三　宗教风俗

（一）教堂、寺院名称及变迁

查都兰各族人民现在所崇信者仅有佛教，并无其他各教，是以仅有寺院，尚无教堂，如香日德寺、都兰寺、日南寺按，佛爷系新自玉树拉布寺来者。拟在察汗乌苏河源建修寺院汪什代海寺院按，现在都兰寺北约二十余里地方建修。刚察有寺院三处：一名尕旦寺，此外尚有新旧二寺。达布禹有旧寺，名曰麻喜寺，新寺名曰康盖交旦寺。其他各寺院或系建筑,或为帐房不等,惟无专住持之活佛耳。

(二)宗教种类派别

查都兰蒙藏民族所信仰之宗教有二:一、黄教,香日德寺、都兰寺、日南寺、刚察之孞旦寺、新寺、旧寺及达布禹之麻喜寺、康盖日交旦寺,僧徒皆奉黄教;二、红教,佛爷名古朗台,无寺院,仅汪什代海一族之信仰耳。

(三)婚姻丧葬

蒙、藏婚姻制度大致相同,虽有父母之命、媒妁之言,必须得当事人之同意,而后可颇似近时自由恋爱之习尚。双方同意后,男方即请媒人持酒一瓶、哈达一方,赴女家求婚。女家若收下,婚姻即可以成,若不收,即示拒婚。聘礼纳后,双方即议彩礼,或用牛、马、羊只,或用布帛、氆氇以及首饰一切物品。彩礼既定,即由坐家僧或佛爷择日以娶。届期,新人盛装骑马,送客簇拥,以经选择吉日,男女均停止工作。是日,男家邻人着新衣以贺,男子则骑马,妇女则专事招待,并于宴会席上唱曲,以助兴趣。新娘至家,依次拜见翁姑及佛像,新郎携新妇入帐房,饮食。婚礼告成,其父母即持哈达并礼物往见其该管之王公、千百户,告以儿已成家娶妻之事,请求关照一切。此后分居或合居,亦不一定。此都兰蒙、藏结婚之概况也。

蒙、藏丧葬仪式大致相同。凡人死后,即请喇嘛或佛爷选择吉日，将死尸折成三折，用驼或牛驮送山野，任禽兽啄食净尽，则为升天吉祥，否则谓其生前罪孽过大，禽兽不食其肉。又人死后，一面择日将尸送至野外野葬，一面请佛爷或喇嘛念经。其念经日期视产业之多寡以为定，然至少要念三天，至多不以（超过）四十九天。念经完毕，或施予死者家产之一半，或施牛、马、羊、驼，或施酥油、炒面不定，唯视其贫富如何耳。至于服孝，藏人父母、兄弟丧，服孝均为一年，其服孝期内，反穿大衣均系七天。惟父母丧，反戴帽子一年；兄弟丧，则仅将帽子一边向里折戴一年，此藏人服孝之情形也。蒙（古）人父母、兄弟丧，均为一月。其服孝期内，父母、兄弟丧，均反穿大衣七天。父母丧，反戴帽子一月；兄弟丧，则仅将帽子一边向里折戴一月。此蒙（古）人服丧之情形也。至喇嘛死后，则用火葬，将灰筑于塔中。

（四）服饰用品

蒙、藏服饰大同小异，如服大领之衣、牛皮之靴，袖长及地，妇女不穿裤子，腰前系一小银练，满系锁钥、牙签、挖耳、摄〔镊〕子、火镰、小刀，以及男子随身所带藏佛、番刀、鼻烟瓶等物均同。至帽子则不同，蒙（古）人帽多系圆顶毡帽，镶以金黄色边；藏人则系上尖下大之羔皮帽。现蒙、藏人亦多常戴礼帽。而妇女服饰尤为奇异，蒙妇将发辫分辫为二，置于胸前，上缀以珍珠、珊瑚或银质圆牌六枚至八枚不等,头戴上尖下大之红绿色皮帽或圆顶毡帽,手戴银镯及银戒指,耳戴金银缀制之耳环。藏妇发辫亦分为二,惟置于脑后,上缀以珍珠、珊瑚或银碗八个或十二个不等,左手戴银钏,右手戴砗磲圈,耳戴金银,镶绿松石,后有小钩穿于耳。至于未嫁女子,则脑后另分一辫,辫上带宝石、珍珠、珊瑚,除不带宝剑外,则与男子无异。此蒙、藏服饰用品之概况也。

四 人情习惯

(一)性质职业

藏族民情强悍……蒙旗较为懦弱, 则以作强盗为耻辱。盖绿旗受清朝之封任,常值班于京师,中原礼教濡染已久,故较为识礼义也。然虽有强弱文野之分,而其畏威不怀德,知法不知恩,则同此。皆以教育未兴,知识幼稚之故。又蒙、藏人情好探消息,凡路上相遇,无论距离远近一定至前问话,各询地方情形或彼此近中有无事情发生,是以蒙、藏地方消息传达非常迅速。蒙、藏家务全由妇人主持,每日操作甚为辛苦,甚至耕作、修葺、织纺以及差遣徭役,亦以妇人任之,而男子除当喇嘛及缝衣外,无所事事。此蒙、藏人性质职业之概况也。

(二)生活嗜好

蒙、藏妇女每日黎明即起,作饭、挤奶、牧放牲畜、汲水、磨炒面、制酥油及奶饼。客至,烹茶、作饭,招待极为殷勤。日暮,将牲畜一一用绳系上,复挤奶子,作晚饭,老小一齐就寝后,伊始于牲畜附近处寝。而男子则安坐而食,除缝衣、守户、嗅鼻烟、谈天外,几无所事。其鼻烟制法,系以烟草和牛羊乳为饼,覆酒坛上数十日,晒干碾细为粉,可避瘴气。常人嗅之或伤脑以至于晕,蒙、藏人则夹以两指仰鼻而嗅之,无碍之。常见与客坐,一小时嗅或数次,犹平原人之嗜烟草也。而于鼻烟瓶尤为宝贵,瓶以古磷或珍为之,外饰以文彩雕琢,并以毡毺为囊,行坐不离身。而又嗜酒成癖,每逢宴会不醉无归。此蒙、藏族生活嗜好之概况也。

(三)饮食居处

蒙藏饮食以糌粑、牛羊肉、奶子、奶渣等物为主。唯糌粑及牛羊肉等食物性燥而滑腻,一日无茶则病,故藏民无论贫富贵贱,而茶则一日不可或缺。煮茶之法,将茶熬成极红色,蒙(古)人则调以奶子及盐,藏人则多饮清茶,间亦有调奶子者,盐则不多用。而食饮多用手,不用箸吃,炒面则用木碗,食毕以舌舐之,然后藏于怀中。蒙(古)人除王公用箸外,其余与藏人同。唯蒙、藏居处不同,蒙(古)族住蒙古包,藏人则住黑帐房。蒙古包系以木制圆形之架,外覆以毡,有门户、有天窗,夏凉而冬温,风雨不透,故较帐房为安适。蒙古包普通每顶值洋七十余元。黑帐房系黑羊毛(应为牛毛——编者注)所制,每架不过数十元,无门窗,风雨亦不能隔,故俗有"外边大下,里边小下"之谚。内中布置约略相同,男左女右,中置锅头。惟蒙(古)人正中供佛像,而藏人则于右上方供佛像。客至,则均坐于左边。此蒙、藏人饮食居处之概况。

五　山川气候

(一)山川名称

都兰四面环山,岗峦起伏。北有阿汉达勒山,迤北有拜王图岭及黎头山,极北之祁连山。东及东北为布喀山、磁窑山、欧西喜山、金山、克拉山、阿米晒石庆山、干珠其老山。南境群山重叠,为貌木克大山之支脉,内最大者有下力哈扎更山、八颜五支山,迤南为貌木克大山,东南有布青山及当哈伊麻图山,西南有巴颜哈〔喀〕拉山,正西有噶顺山及勒科儿乌兰达布逊山脉。

河有布喀河、哈拉西纳河、八色河在县之北,郡子河、且吉河、巴汉乌兰河、伊克乌兰等河在东北,皆注入海中。正东入海之北大力麻河及入察卡盐池之柴集河、入窝兰泊之都兰河。南区有察察香卡河、哈拉哈图河、引得河、察汉乌苏河、玉胡雷河。西南有乌拉斯河、那莫浑河、舒噶河、白河等均汇入迤西之柴达木河、巴哈淖尔、达布逊池、布隆吉尔池。西北有塞什克过力河、巴延河、胡鲁池、博门果勒河、却尔根果勒河及正西之古逊湖、乌尔丁湖、伊哈淖尔、库庆池等湖泊。

(二)山脉形势

西境有昆仑山之二支东进,绵延盘曲,包括于青海沿岸,为一大高原,成都兰天然之区域,兹分述于下:

南支为巴颜喀拉(山)山脉自西东行,横亘于青海中部,为都兰、玉树之分界山。至娘错族境,分为二支:北支为貌木克大山,即积石山脉,分衍于县之东南为布青山、当哈伊麻图山,与北之祁连山支脉连接。香日德之八颜五挨力山、鄂颜黄山;察汉乌苏之下兰木苏山、黑斯山;哈拉哈图之下力哈扎更山、鄂拉生山;察察香卡之八隆若兰山、若兰不漏格等山,皆系貌木克大山之支脉,从东而西与柴达木盆地沙山接壤;南支为长江、黄河之分水脊,最高者为噶达素七老峰。

北支为祁连(山)山脉,在县之极北,为都兰、甘肃分界山,其支脉有二,蜿蜒于县北。北支为布喀山,在青海之北,更分支为客拉山,盘于海之东;南支为阿木晒石庆山,在海南又分支为干珠其老山、阿汉大勒山、阿雅哈山等,盘于西,而县政府在此焉。

(三)森林矿苗

县境气候温和,土壤肥沃,天产丰富,遍地皆是,如希里沟之南北山、哈拉哈图之北山、香日德东南山,多系天然松柏,绵亘数里。宗家巴仑之西南山、可鲁之北山以及台吉乃尔一带,林区更广。至于可鲁地方,产金甚富,煤炭尤多,多露出山外,又多产硼砂。惟土人知识简〔谫〕陋,为保护地脉计,禁人挖掘。货弃于地,殊为可惜。而柴达木之矿产甲于各处,如硼砂,火硝、硫磺〔黄〕、皂矾等,比比皆是。台吉乃尔一带产硼砂,铅锡尤盛。土人掘坑融销,铸成大块,售于内地。八宝山亦产自然银。此外,境内盐池颇多,如赛什克白色盐、可鲁沟之红色盐、五柴旦之黑泥盐,而察卡之青色盐口味最佳。设局销售,获利甚巨。达布逊盐池颗粒最大。今发现者已如此之多,未发现者尚不知若干产量也。

(四)川流方向

青海在县之东北,周六百里,水色青碧,冉冉如云,故称青海。内中有海心山,上建寺院。河之汇入:西北有布哈河、哈拉西纳河、郡子河、八色河;北之且吉河、巴汉乌兰河、伊克乌兰河、干池河;西之载沙河;南之大力麻河是也。而县南星宿海,在噶达素七〔齐〕老峰之阳,千泓并涌,望若晨星,因以为名。而黄河亦发源于此,会鄂、扎二海东流,绕积石山,曲折而北。其峰之北,有舒莒河、那莫浑河、白河、乌拉斯河,北流会东南之玉胡雷河,东之察汗乌苏河、哈拉哈图河、引得勒河、察察香卡河,纵横回流于柴达木盆地,名为柴达木河,向西北流约五百余里,汇为巴哈淖尔达布逊池及布隆吉尔池。此外,有正西之古逊湖、乌尔丁湖,西南之库赛池、伊哈淖尔,西北之博门果勒河、却尔根果勒河,中部之巴延河、胡鲁池、塞什克过力河,东南之柴集河,注入沮洳地或盐池,旱则水势缩小,形同池沼。

六　名胜古迹

(一)碑碣坊表

都兰以交通梗塞之故,文教未兴。蒙、藏同胞纯系游牧,社会牢守旧习,不思进化,迷信佛教。对于建修寺院,延僧诵经,虽费巨款而不惜,惟碑碣坊表等建竖,则绝对不知。是以全县境内欲寻碑坊,诚不可得。

(二)陵墓壁垒

蒙、藏习尚天葬、地葬、水葬、火葬,山陬旷野,固无陵墓;既人烟稍集之处,亦不知守险。希里沟县府东南一里许,有旧城遗址。西北有土墩七,高丈余,为圆锥形,不知筑于何时。察罕乌苏亦有旧城遗址,相传为柯柯王所筑,至是确实无从考稽。

(三)名山大川

县境北有祁连山、阿木凡厄库山,南有巴颜喀拉山、积石山,西南有噶达素七〔齐〕老峰,西有勒科儿乌兰达布逊山脉、噶顺山,东北有布喀山、客〔克〕拉山。境内之干珠其老山、阿雅哈山及八宝山按,俗名阿耳尼山。在希里沟之西皆为名川大水,位于县境西南有柴达木河、香日德玉胡雷河,西有可鲁沟之巴延河,迤西有布隆吉尔河,东北有伊克乌兰河、巴哈乌兰河、布喀河等,其余河流到处皆有。

(四)岩洞矾石

距都兰寺西北五里许,有山名曰"塔牙",耸入云表,形势雄奇。从百步内望之犹为一山,至则峰峦环抱。中有平原约二方里,松柏苍翠,水流溅溅,有柏树一株,宛如华盖,嫋嫋可爱,严冬时郁翠如春夏。据土人云,此树即胡〔呼〕图克图佛马死处所生,如干角。牙壑之二郎洞中甚宽阔,门外有长方形石三(十)余块,叠叠为墙,相传即杨二郎习静处,为全县胜景之一。

七　政治实业

(一)警卫自治

蒙、藏人民游牧为生,不相连属,且性情强悍,杀人越货之事不时发生,故居民无论贫富,均备武器以自卫。兹有省府派来军队驻防,以卫治安,地方尚称安谧。全县民众隶属于各王公及千百户(长)之下,一切事宜均听其指挥,并无地方自治之组织。惟各族头目及民众等,对于县府命令,尚能一致服从。俟区、镇、乡、村组织就绪,加以训导,亦以有自治能力之希望矣。

(二)道路水利

县属僻处荒陬,山陵崎岖,道路险阻,交通梗塞。海南、海北两路只能驮马往来,车辆不能通行。今拟在海南修筑车路,以利交通,业经呈请在案,一俟指令到县后,即行动工。兹由县府向各处通行道路,凡崎岖难行之处,亦令各旗、族头目设法修理,以冀畅行无碍。蒙、藏民众以游牧为主,不事农业,对于水利,毫不注意,间有种植者,均播种于丛草中,虽开渠行水,灌溉田亩,然耕地不相连属,水渠亦未连接。炳麟为提倡水利计,除亲往指导外,并派员向各处开导、监修,俾其联络,而收畅流之效。计已成者,莫胡而、希里沟、哈拉哈图各有渠一道,现均已畅流无阻,开地灌溉矣。

(三)公益卫生

县内居民纯系蒙、藏二族,逐水草而居,智识简〔谫〕陋,而迷信甚深,建筑寺院,踊跃赞助,对于他种公益事业,置之度外。而于卫生方面,不惟公众卫生不知注重,即个人卫生亦所不知,衣服不知浣洗,房内不施扫除,又以帐房周围牛羊杂处,粪秽满地,臭气难闻,于卫生之旨尤属不合。幸地广人稀,空气尚属新鲜,不然臭气蒸发,疫疾立至。炳麟为唤起民众注意卫生起见,特召开清洁卫生大会,并于随时随地切实开导,俾民众明了卫生之要旨,而免瘟疫发生。

(四)赋税杂粮

县境远处海西,居民尚属游牧社会,间有业农者,亦不过播种子于棘草丛中,尚未升科。每年除向省府纳少数草头税外,其他各项赋税及杂粮均付缺如。

(五)司法教育

县治设立未久,一切建设正在筹备中,司法机关尚未独立,民、刑案件全由县长兼办。至于教育,因蒙、藏民众信仰佛(教),男子多数为僧,研究藏文,学校尚未设立,文化未兴,其浑噩状态尚未脱太古色彩。县府今特设教育科,根据蒙、藏教育实施计划,参酌蒙、藏地方情形,会同蒙、藏旗族头目等,筹备教育经费,酌择设立学校地点,次第进行,促其实现。俾蒙、藏学校得以成立,蚩蚩边氓,得有受教育之机会也。

(六)工商农矿

蒙、藏民族所谓工业,惟蒙民以羊毛作毡,以制蒙古包;藏民以牛羊毛捻线,制成毛布,以制帐房。商人均由内地而来,货物多系茶、布、烟、酒、针、线等物,夏季向各处放卖,冬季则收各种皮毛及鹿茸、麝香等以归。每年一次,多不久居。

农产,青稞较多,小麦、莞〔豌〕豆、薯类及菜蔬亦多种植。惟地广人稀,务农者少,随意耕种,地段亦不方整,且岁易其处,或一易再易,种时即在草中播种,永不铲锄,地亦不以亩计,以种之升斗数计算,农业之不发展,职是之故。

矿产极富,最著名而已获巨利者为察卡之盐,质良味美,其次则金、银诸矿,随地蕴藏。汪什代海之铅,柴达木之硫磺〔黄〕、皂矾、锡、铁等矿,尤为丰富。然多为部落酋长或寺院喇嘛所封禁,不许开采,谓为有断地脉,货弃于地,良可惜也。

(七)畜牧屯垦

畜牧有马、牛、羊、驼四种,马较小于新马(*新疆——编*

者注）而大于川马（四川——编者注），狡〔矫〕捷善走，能任重，骟〔骗〕马疾驰如飞，以供骑驱；骡马〔骒马〕多不骑，专供生育，且亦耐寒，经年露宿，虽大雪、淋雨之下，直立不动。牛有两种：一名"牦牛"，状貌雄恶，望之生畏，毛长尾大，用以驮运货物；一名"食牛"，即内地俗名谓"黄牛"。食牛与牦牛相配，生一种牛名曰"犏牛"，雄壮有力，藏民运输皮毛全赖此牛。羊身高力大，角毛具长，普通名为"番羊"。藏人养羊知选种，每于羔羊中择其牝羊之体格强壮者，留为种羊，余皆阉成羯羊，以供食用。以水草丰富之区，若加以改良，畜牧事业其发达当未可限量。

属境地广人稀，沃野千里，惟民众依然太古生活，不事种植，今岁县政府除自行开垦以作指导外，复劝谕民众积极垦耕。各地民众已挖草辟地，不复如前日之因陋就简矣。今春，马子香师长（马步芳——编者注）又拨来军人数十名，在希里沟一带，从事开垦，正在积极进行中。炳麟现为易于移垦计，除拟定"奖劝蒙、藏人民自动垦耕办法九条"及"由内地移民垦殖办法十三条"分别呈请核示外，并划全县可垦之地为三垦区。计第一垦区辖有希里沟、赛什克、莫胡而、沙头察察、香卡及角什科，除后三处尚无土房外，前三处各有土房数十间。第二垦区辖有哈拉哈图、察汗乌苏、香日德三处，除察汗乌苏尚无房屋外，余二处各有土房数十余间。第三垦区辖有德令哈、郭而毛及怀头他拉三处，各有土房数十间，惟尚无移民，亦无已开之熟地。以上三垦区总共司垦之地不下八千余方里，约合五万余顷，果能实行垦殖，竭力经营，不难蒸蒸日上，一俟民移地辟之后，添设县治，更属轻而易举。事在吾人自为之而已。

都兰县县长　梁炳麟

后　记

　　《青海风土概况调查集》所收资料，是青海建省前后，由甘肃省政府或青海省政府为了调查掌握所属各县概况，统一制定编写提纲，下达编写任务，再由各县政府按提纲详细调查，据实编写上报的调查资料。各县在编写时，均由县长或县知事亲自编写或主持编写而成。体例虽属简略，但内容较为丰富，涉及青海各县的历史、自然、社会、经济、人文等方面的内容。这些资料虽然有不少缺憾之处，但因为是出自于当时当地，所以仍然是那个时代为数不多的一种重要地方历史资料，具有较高的参考价值和研究价值。

　　该书资料原经王昱、李庆涛搜集整理、标点校勘后，在青海社会科学院省志办公室和青海省图书馆的支持下，于1985年12月由青海人民出版社出版，面世后受到了广大读者、研究人员和大专院校师生的重视和好评。这次出版是在1985年版的基础上，由王昱进一步做了校勘、注释工作。

现对所做的主要工作说明如下：

一、加强了必要的注释。原书中对各县历史的追述和建置沿革的记载中，由于当时资料的匮乏，又囿于当时的研究水平，记载多有错误和不准确的地方，如依原样付梓出版，则会误导读者，以讹传讹，贻笑大方。所以，根据当前学术研究的进展，对原书中有关历史发展和政区建置演变方面的问题，做了必要的注释。

二、有关各县政区面积、户籍、人口、田亩面积、赋税、社仓等方面的统计数字，因统计年份各异或统计方法不同，均会出现不一致的情况。有些历史资料无以核对，不便妄改，姑原样照录，使用时需研究者要做进一步考证。

三、对原文中的内容，根据逻辑关系，做了必要的分段处理，对原书中不当之处做了调整，以便读者阅读时更加条理分明。

四、对原书中的断句标点进一步做了勘酌改动，对出现的错讹词字做了校勘纠正，（ ）中为补字，〔 〕中为改字，〈 〉中为衍字，需注释的加了注释，以"编者注"注明。

欢迎专家和读者对校注中的不当之处，提出宝贵意见和建议。

王　昱

2020年8月